Bibliographie des Marionnettes

par Paul Jeanne

Paris

BIBLIOGRAPHIE

DES

MARIONNETTES

Par PAUL JEANNE

Couverture et Illustrations d'Eugène LEFEBVRE

1926

EDITIONS

de la Très Illustre Compagnie des Petits Comédiens de Bois

A LA " SOUPENTE DE GUIGNOL "

— 78, Rue de Turenne PARIS - III⁰ —

JUSTIFICATION DU TIRAGE

Il a été tiré du présent ouvrage :

2 exemplaires *(hors commerce)* n° 1 et n° 2, réservés à l'auteur et à l'illustrateur sur papier de Hollande Van Gelder Zonen - grandes marges - avec les illustrations aquarellées au pinceau par l'artiste.

L'exemplaire n° 1, de l'auteur, contient en outre les aquarelles originales d'Eugène Lefebvre et une série d'épreuves des illustrations en noir

et

250 exemplaires sur papier vélin Alfa blanc numérotés et signés par l'auteur de 3 à 252.

(Tous droits de reproduction et de traduction réservés)

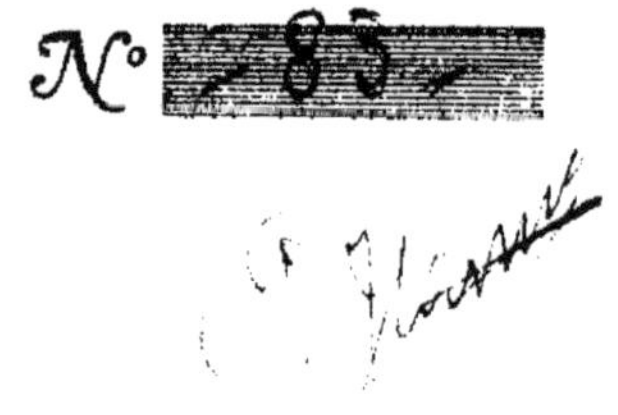

A Monsieur Edouard DAVID

(de l'Académie d'Amiens)
l'Erudit historiographe de *Lafleur*.

AVANT-PROPOS

Cet ouvrage, sur la Bibliographie des Marionnettes est le premier qui soit donné en un ensemble aussi complet que possible, — et qui, même, ait été tenté, — si nous en exceptons un premier essai que nous avons publié en un périodique, mais tellement incomplet et si mal présenté, qu'il ne peut être d'aucune utilité.

Ce travail s'imposait donc et rendra les plus grands services, — non seulement aux castellers amateurs ou professionnels, — mais encore aux Bibliophiles, aux amateurs de Folklore et même aux Libraires qui, en général, ignorant ce qui a pu paraître, ne peuvent utilement renseigner leurs clients éventuels.

Nous n'avons pas la prétention d'indiquer tout ce qui a paru sur les Comédiens de Bois, — mais seulement les ouvrages que nous avons pu retrouver et qui forment notre Bibliothèque, — ce qui nous permettra, le cas échéant, — lorsque nous le croirons nécessaire, — de donner, — sans aucun parti-pris, — et en toute indépendance, — quelques indications complémentaires.

Afin de rendre plus pratique notre présentation, — plus logique notre classement, — moins fastidieuse notre nomenclature, — nous avons réparti nos documents en chapitres se rapportant aux divers répertoires — que nous exposerons, au fur et à mesure, par quelques notes générales donnant un aperçu d'ensemble.

Ne prendront place, dans cette Bibliographie, que les ouvrages spécialement édités sur le répertoire. — Nous n'indiquerons pas, — sauf lorsqu'elles auront un réel intérêt documentaire, — les publications ou revues qui ont publié des pièces ou articles sur les Marionnettes. Ce travail serait d'ailleurs impossible, — et nous éloignerait du but proposé.

Pour l'illustration du présent ouvrage nous nous sommes assurés la collaboration artistique d'Eugène LEFEBVRE qui a composé des dessins inédits d'après les Marionnettes authentiques.

Tous les auteurs qui ont écrit des ouvrages sur les Poupées de Bois, en France ou à l'Etranger, font état des illustrations du livre de Maindron dont les documents sont erronés, — tel le Guignol Lyonnais, — tel le Lafleur Picard qui n'ont pas, — non seulement le physique, — mais même le costume traditionnel.

*Dans la partie complémentaire du présent volume, —
Eugène Lefebvre présentera les autres types de Marionnettes,
— ce qui constituera, pour l'ensemble de notre travail, une
exacte indication graphique à l'appui de notre documentation bibliographique.*

1° *THEATRE LYONNAIS*

Le Répertoire de ce théâtre est certes le plus complet et le mieux édité, quant aux productions françaises.

Primitivement, les pièces, comme celles de tous les théâtres de Marionnettes d'ailleurs, étaient jouées « au canevas », c'est-à-dire laissant à la verve du castelier le soin d'improviser le texte.

Nous n'avons, par exemple, de Mourguet, créateur du théâtre lyonnais, que le texte arrangé, d'après la tradition, — par Onofrio.

Par la suite, — les règlements obligeant à ce que les textes soient soumis au visa de la censure, — les pièces furent écrites, — mais combien sont encore restées manuscrites, en leur naïve conception, et n'ont jamais eu les honneurs de l'impression ?

Des lettrés, — tels ceux de l'Académie du Gourguillon, — des joueurs, tels Josserand, Pierre Rousset, eurent quelques-unes de leurs œuvres imprimées. Enfin, quelques auteurs, comme Tony Tardy, Albert Chanay, Eug. Lefebvre, éditèrent leurs productions littéraires pour le plus grand plaisir des amateurs, — amis de Guignol.

Et tout dernièrement, la Société des Amis de Guignol de Lyon présenta quelques-unes des pièces primées aux concours annuels.

L'ensemble du Répertoire Lyonnais, — publié quant à présent, — si imposant soit-il, comparativement aux autres répertoires, — ne donne donc qu'une faible partie des œuvres écrites, — celles-ci restant la propriété exclusive des auteurs ou des théâtres par lesquels elles furent achetées. Car il faut noter que, — contrairement aux usages théâtraux, — la coutume, à Lyon, — pour un auteur, — est de vendre sa pièce pour une somme forfaitaire, — faisant abandon de ses droits, aussi bien sur le pourcentage de la recette que sur l'édition; ceux-ci restent l'apanage du Directeur.

Quoi qu'il en soit, — nous avons, — pour le répertoire lyonnais, de nombreuses productions imprimées qui nous permettent de juger la vitalité, l'importance et la valeur d'un Théâtre Régionaliste, — universellement connu, et qui a conservé, pour ses types locaux : Guignol et Gnafron, les caractères immuables que la tradition nous a légués et que les auteurs actuels se doivent de continuer.

Les Marionnettes Lyonnaises sont des Poupées « à gaîne » — c'est-à-dire dans le mouvement est donné par la main de l'opérateur placée dans la robe.

La tradition du Guignol est conservée à Lyon par la Société des Amis de Guignol qui organise, tous les ans, des concours de pièces du répertoire.

Il n'existe plus, à l'heure actuelle que deux théâtres réguliers à Lyon : celui du quai Saint-Antoine, dénommé Théâtre Mourguet du Gymnase et celui de la Galerie de l'Argue.

Théâtre Lyonnais de Guignol, publié pour la première fois avec une introduction et des notes par M. *Onofrio*, — Frontispice dessiné et gravé à l'eau-forte, ainsi que 20 vignettes en-têtes, par *J.-M. Fugère*. Impression de *Louis Perrin*.
1865-1870, 2 volumes n-8°. Scheuring, Lyon.

Théâtre Lyonnais de Guignol, — nouvelle édition, revue, corrigée et annotée par *Onofrio*, illustrations de *Enas d'Orly* (*Luigini*) couverture illustrée.
1890, 1 vol. in-8°. Vve Monavon, Lyon.
Tirage à 500 exemplaires numérotés.
(Cette édition a été publiée par fascicules sur papier ordinaire)

Théâtre Lyonnais de Guignol, nouvelle édition, dite du *Centenaire*, contient, comme la précédente, la préface de 1865 et les notes. — Illustrations de *Eugène Lefebvre*.
1910, 1 vol. in-8°. Lardanchet, Lyon.

Ces différentes éditions comprennent :

Les Couverts volés	pièce en 2 actes
Le Pot de Confiture	pièce en 1 acte
Les Frères Coq	pièce en 1 acte
Le Portrait de l'Oncle	pièce en 1 acte
Le Duel	pièce en 1 acte
Le Marchand de Veaux	pièce en 1 acte
Un Dentiste	fantaisie 1 acte
Le Marchand de Picarlats	pièce en 2 actes
Les Valets à la Porte.............	pièce en 1 acte
Le Déménagement	fantaisie 1 acte
Le Testament	pièce en 1 acte
Le Marchand d'Aiguilles	pièce en 2 actes
Les Voleurs volés	pièce en 1 acte
Tu chanteras, tu ne chanteras pas!..	pièce en 1 acte
L'Enrôlement	pièce en 1 acte
La Racine Merveilleuse	pièce en 1 acte
Le Château Mystérieux	pièce en 2 actes
Les Conscrits de 1809	pièce en 1 acte
Les Souterrains du Vieux Château..	pièce en 3 actes
Ma Porte d'Allée	pièce en 1 acte

MÉMOIRES DE L'ACADÉMIE DE GOURGUILLON. — Tome I (seul paru), Théâtre, par *Glaudius Canard, Athanase Duroquet et Gérôme Coquard,* avec images de *Kirsch, Mollasson, Puitspelu,* etc., à Lyon-sur-Rhosne, chez l'Imprimeur, juré de l'Académie, couvert. iluustrée.

s. d. (1887), in-8°. Storck (Lyon).

Tirage à 200 exemplaires numérotés

4 sur Chine	de	1	à	4
6 sur Wattmann		5	à	10
10 sur Japon		11	à	20
170 sur Hollande		21	à	190
10 sur Vergé teinté		190	à	200

Cet ouvrage contient :

Préface, par *Nizier de Puitspelu.*

Lettres Patentes de fondation de l'Académie.

Diplôme de l'Académie du Gourguillon.

Ouverture sur de *Vieux airs Lyonnais,* par *Paul Claès.*

Guignol Député, pochade en 3 actes, par *Glaudius Canard.*

Les Malins du Gourguillon, pièce en 3 actes, par *A. Duroquet.*

Les Fourberies de Guignol, pièce en 2 actes, par *Athanase Duroquet.*

L'Instruction obligatoire, drame médico-légal, par *Gérôme Coquard.*

Les Tribulations de Duroquet, pièce en 3 longueurs, par *A. Duroquet.*

Lexique, par *Nizier de Puitspelu.*

(Les signatures indiquées sont les pseudonymes des membres de l'Académie du Gourguillon).

Nizier de Puitspelu : *Clair Tisseur.*
Glaudius Canard : *Coste-Labaume.*
Athanase Duroquet : *Eugène André.*
Gérôme Coquard : *L'Éditeur Storck.*

LES CLASSIQUES DU GOURGUILLON. — Théâtre, avec préface de *Glaudius Canard,* de l'Académie du Gourguillon. A Lyon-sur-Rhosne, chez l'Imprimeur, juré de l'Académie, sous l'enseigne de la Cigogne, proche la Galerie de l'Argue et la Place Grenouille. Couverture illustrée. 12 illustrations et 2 culs-de-lampe.

s. d. (1889), in-8°. Storck, Lyon.

Ce volume contient, outre la Préface :

Guignol avocat .... pièce en 1 acte
La Leçon de Musique, de Louis Jousserand, en 1 acte

Le Tonneau de Harengs .... pièce en 2 tableaux
Les Tribulations de Lacorne.... pièce en 3 tableaux
Voiture à vendre .... pièce en 1 acte
Le Voyage à Fontaine .... pièce en 1 acte
Le Tambour de Chaponost, de *Savy*, pièce en 1 acte
La Déclaration du Petit Guignol, névrose en 1 acte, par
  Athanase Duroquet.

Guignol avocat nous fournit l'exemple, — assez fréquent dans le répertoire lyonnais, — d'un vaudeville intégralement transcrit, — et où le rôle de l'amoureux devient celui de Guignol. C'est ainsi que se joue la *Main leste*, de Labiche, sans même en changer le titre.

PHILIPPON (E.) : *La Bernarda Buyandiri*, tragi-comique en patois lyonnais du XVII⁰ siècle, avec préface, glossaire et notes, couvert. imprimée publiée d'après l'unique exemplaire connu.
  1885, in-8°, Georg, Lyon.
  Tirage à 100 exemplaires sur Vélin
  —   20   —   — Hollande.

NESCO : *Derrière la toile*, boutade politique, en 2 actes.
  1885, in-16. Lyon.

Théâtre, Saynettes et Récits, par Gnafron fils, *de la rue Ferrchat, neveu de Guignol*, — illustré de 17 dessins de l'auteur (*Bonardel*), couverture illustrée.
  1886, en-8". Bernoux et Cumin, Lyon.
  Tirage à 670 exempl. numérotés à la presse.
  20 exemplaires sur Chine.
  100   —   sur Hollande.
  550   —   sur Vergé teinté.

EMILE-ANDRÉ : *Les Tribulations de Duroquet*, pièce de fabrique en 3 longueurs, avec préface de Joséphin Soulary.
  1882, in-8". Publication du « Lyon-Revue ».
  (*Edition originale* de cette pièce, parue ensuite dans « Lyon-Revue », puis dans « Les Mémoires de l'Académie Gourguillon).

EMILE-ANDRÉ : *Mélina ou Bonheur passe Richesse*, pièce en

1 acte. *Œuvre posthume*, trouvée inachevée et complétée
par *Gérôme Coquard*. — A Lyon-sur-Rhosne, chez l'Imprimeur juré de l'Académie.
    1892, in-°. Storck, Lyon.
    (Cette pièce fut publiée également dans la « Revue du
        Siècle », n° 55, de janvier 1892. — On la joue sou-
        vent sous le titre : *le Marchand de Fromages.*

COSTE-LABAUME : *Guignol-Député,* pochade en 3 actes, représentée pour la première fois, à Lyon, dans les salons de
Casati, le 4 mars 1883, à l'occasion du Banquet de l'Association des Anciens Elèves du Lycée de Lyon. Couverture
illustrée.
    s. d. (1883), in-12, s. l. (Lyon).
    Tirage à 500 exemplaires vendus au profit de l'Associa-
        tion des Anciens Elèves du Lycée de Lyon.
    (*Edition originale* de cette pièce parue ensuite dans les
        « Mémoires de l'Académie du Gourguillon ».)

GÉROME COQUARD : *L'Instruction Obligatoire,* drame médico-
légal, un texte, illustré.
    s. d. (1886), in-8°, s. l. (Storck, Lyon).
    Tirage à quelques exemplaires sur Japon, avec frontis-
        pice de *Prudhon fils.* Même composition que le texte
        des « Mémoires de l'Académie ».

GLAUDIUS CANARD : *Guignol Etudiant,* pièce en 1 acte.
GÉRÔME COQUARD : *L'Instruction Obligatoire, drame médico-
légal* en 1 acte, pièces éditées ensemble pour le Banquet
de l'Association des Anciens Elèves du Lycée de Lyon, le
6 mars 1887. Couverture illustrée. Illust.
    1887, in-8°. Storck, Lyon.

GLAUDIUS CANARD : *Guignol Etudiant,* pièce en 1 acte.
    s. d., in-8°. Storck, Lyon.

MAZ (GEORGES) : *Le Sarsifi Pétafiné.* Inter-amicos Lyon-
naiserie en 2 actes. Couverture illustrée. Frontispice gravé
à l'eau-forte, par *Blanc.*
    1886, petit in-8°. Bernoux et Cumin, Lyon.
    Tirage à 100 exemplaires (dont 50 dans le commerce)

PIERRE ROUSSET : *Un Divorce Inutile*, pièce en 4 actes, en vers populaires, avec frontispice et portrait de *Pierre Rousset. Préface.*
s. d., in-8°. Dizain, Lyon.
Tirage de luxe à 120 exemplaires numérotés à la Presse.
20 exemplaires sur Japon.
100 — sur Hollande.
Même édition, mais sur papier ordinaire.
s. d., in-12. Dizain, Lyon.
(Préface très intéressante de Pierre Rousset, exposant ses directives et racontant ses débuts.)

PIERRE ROUSSET : *Théâtre Lyonnais de Guignol*, avec frontispice, 5 vignettes et 5 culs-de-lampe, par *Drevet.*
1895, in-8°. Dizain et Richard, Lyon.
Edition de luxe, avec tirage des illustrations, en noir dans le texte et en différentes teintes hors texte.
5 exemplaires sur Japon.
105 — sur Vélin d'Arches à la cuve.
Edition ordinaire, avec illust. en noir seulement dans le texte.
350 exeplaires sur Vélin ordinaire.
Ce volume contient le répertoire suivant :
Le Revenant................... pièce en 1 acte.
La Parodie de Faust.......... en 7 tableaux.
La Lune Rousse.............. en 5 tableaux.
Le Médecin malgré lui......... en 2 tableaux.

PIERRE ROUSSET : *Conférence de Maître Guignol sur les Elections Législatives de* 1898. Couverture illustrée.
1898, broch. in-8°. Dizain, Lyon.

GUIGNOL A LA COMÉDIE-FRANÇAISE. — A propos d'une visite de Coquelin au Théâtre de Pierre Rousset.
1887, broch, in-8°. Storck, Lyon.
(Cette visite fut faite sous la conduite de feu notre ami Poncet, directeur du Grand Théâtre de Lyon, qui nous l'a souvent racontée. Pierre Rousset joua pour les Coquelin et Céline Chaumont — seuls auditeurs avec Poncet — la parodie de Faust.)

PIERRE ROUSSET : *Discours de Guignol à la distribution des*

*prix de mérite du Conservatoire du Gourguillon sur l'amé-
lioration des races humaines, — boutade rimée.*
s. d., broch. in-8°. Lyon.

BONAVENTURE BATANT (ARTAUD) : *Le Bottier de Saint-
Georges,* parodie en 1 acte, en vers, tirée du « Luthier de
Crémone », de François Coppée.
1898, grand in-8°. Monzin-Rusand, Lyon.
(Cette Parodie parut également dans la « Revue du
Lyonnais ».)

Nous croyons utile de donner une explication quant au
terme *Parodie* employé dans le répertoire lyonnais. En général, le mot « adaptation » serait plus grammaticalement
français, — car, sauf de rares exceptions, les parodies lyonnaises des opéras ou opéras-comiques sont des « transposi-
tions », des livrets, avec Guignol dans le rôle du ténor, —
Gnafron, assez souvent, dans celui de la basse ou du baryton,
— les airs étant remplacés par les tirades en vers.
Le sens réel de la Parodie est de rendre bouffe une situa-
tion tragique. Dans le Théâtre Lyonnais, le jeu seul des casteliers et leur verve inimitable, rendent ce qu'une simple lec-
ture ne peut donner.
Les Parodies ne sont pas — pour les Comédiens de Bois,
une création lyonnaise, — car, au Théâtre de la Foire, Polichinelle parodiait déjà les opéras et pièces à succès.

GONINDARD (JOANNY) : *Guignol locataire et la Chambre Syn-
dicale des Propriétaires,* pièce en 3 actes, portrait-figures,
79 pages.
1894, in-8°. Storck, Lyon.
(Cette pièce, célèbres par l'*Ode à la Lune,* est remaniée
d'après Onofrio.)

LES PARODIES DE GUIGNOL : Répertoire de *Pierre Rousset,
Albert Chanay, Tony Tardy, Louis Josserand, Albert Avon.*
42 illust. de *A.-F. Bonnardel,* d'après les décors et poupées
du Théâtre du quai Saint-Antoine, en 2 volumes, de chaq.
560 pages, avec couverture illustrée et en couleurs, différente à chaq. volume.
1911, in-8°. Cumin et Masson, Lyon.
Tirage à 700 exemplaires, numérotés à la presse.
Edition de luxe :
I. 21 exempl. (de 1 à 21) sur Vélin teinté, contenant :

1° 2 dessins originaux de *A.-F. Bonnardel*, ayant servi à
l'illustration de l'ouvrage;
2° Un tirage à part des 42 illust. de *Bonnardel*, coloriées
par la maison *Greningaire*, de Paris.
II. 152 exempl. (de 22 à 173) sur Vélin teinté, contenant un
tirage à part des 42 compositions de *Bonnardel*, coloriées
par la maison *Greningaire*, de Paris.

Edition ordinaire :

527 exempl. (de 174 à 700) sur Vélin blanc avec les 42 com-
positions de *Bonnardel*, en noir, dans le texte.
Le volume I contient les Parodies suivantes :
L'Africaine, en 8 tableaux, de *Pierre Rousset.*
Aïda, en 7 tableaux, de *Pierre Rousset.*
La Bohême, en 4 actes, d'*Albert Chanay.*
Cendrillon, en 8 tableaux, de *Tony Tardy.*
Les Cloches de Corneville, 3 actes et 4 tableaux, d'*Albert
Chanay.*
Le Chalet, 1 acte, de *Pierre Rousset.*
Cyrano de Bergerac, 4 actes et 5 tableaux, d'*Albert Cha-
nay.*
La Dame Blanche, 3 actes, de *Pierre Rousset.*
Les Dragons de Villars, 3 actes, de *Pierre Rousset.*
Faust, 7 tableaux, de *Pierre Rousset.*
Le volume II contient :
La Favorite, 2 actes et 6 tableaux, de *Pierre Rousset.*
La Grande Duchesse, 3 actes et 4 tableaux, d'*Albert Avon.*
Guignal et Dalila, 2 actes et 4 tableaux, de *Tony Tardy.*
Guignol et Juliette, 8 tableaux, de *Pierre Rousset.*
Guignol Tell, 2 actes et 6 tableaux, de *Josserand.*
Guignol vendu par ses Frères, 8 tableaux, de *Pierre Rous-
set.*
Les Huguenots, 3 actes et 6 tableaux, de *Tony Tardy.*
Lucie de Lamermoor, 7 tableaux, de *Pierre Rousset.*
Le Petit Duc, 3 actes, d'*Albert Chanay.*
Robert le Diable, 8 tableaux, de *Pierre Rousset.*
Salammbô, 4 actes et 6 tableaux, d'*Albert Chanay.*

L. Sachoix et J. des Verrières : *Chante-Clair Guignol*,
grand drame en 4 actes et 1 prologue, en vers. Couverture
avec cul-de-lampe et frontispice d'*Eugène Lefebvre*.
1912, in-8°. Lardanchet, Lyon.
(Très bonne adaptation, au répertoie lyonnais, du Chan-
cler, d'Edmond Rostand.)

L. Sachoix et J. des Verrières : *Cyrano-Guignol*, drame
héroïque en 5 actes, en vers.
s. d., in-8°. Gloppe, Lyon.

DUCRET : *Théâtre de Guignol.* Edition populaire en 4 volumes (2 seuls parus), avec illust. et couverture illustrée en couleurs, différente pour chaq. volume.

Volume I. avec illust. de *Randon.*
s. d., in-18. Borneman, Paris.
Volume II, avec illust. de *Guignebault.*
1914, in-18. Bornemann, Paris.
Le premier volume contient :

Notice historique et glossaire.

Le Malade pour rire	1 acte.
A la Belle Etoie	1 acte.
Le Turc improvisé	2 actes.
Guignol entre deux airs	1 acte.
La Morale en bâton	1 acte.
La Vertu Récompensée	1 acte.
Le Poltron héroïque	3 actes.
Un Brave Cœur	1 acte.
La Belle au Voile Blanc	2 actes.
Guignol se marie	1 acte.

Le deuxième volume contient :

Le Déménagement	1 acte.
Gros-Bois	1 acte.
Le Pot de Confiture	1 acte.
La Leçon de Musique	1 acte.
La Consulte	1 acte.
La Descente de Guignol aux Enfers	4 tableaux.
Guignol, chef de Brigands	3 tableaux.

(Ces pièces sont, en partie, celles du Répertoire Onofrio dont les titres et noms des personnages secondaires ont seuls été modifiés, avec le même texte, quelquefois écourté ou légèrement transposé.)

BISTANCLAQUE : *Guignol au Maroc,* pièce héroï-comique en 4 tableaux, représentée pour la première fois au Patronage de la Guillotière, à Lyon, le 20 février 1908. Couverture illustrée.

s. d. (1908), in-8°. Saint-Etienne.

PAUL JEANNE : *Œdipe-Roi,* parodie ou art d'accommoder les restes à la sauce lyonnaise, avec assaisonnement de sel classique en 2 actes et 1 prologue.

1919, in-4°, s. l. (Paris).
Tirage à 50 exempl. (hors commerce), papier teinté, caractères spéciaux, numérotés et signés par l'auteur, dont l'exemplaire n° 1 (de l'auteur) contenant :
Aquarelle originale d'*Eugène Lefebvre.*
Portrait d'Eugène Lefebvre, gravé par *Dalbanne.*

F. Vérax : *Guignol Philosophe.*
1877, in-16.

Les Protections, guignolerie en 3 actes.
1892, Rey, Lyon.

Ballandras : *Les Transes d'un Père.*
1891, Nevers.

Alphonse Amieux : *Cent ans après,* avec prologue. — Illustrations par *X. et T. Vaell,* à propos du Centenaire du Code civil.
1904, Rey, Lyon.

Bichonnier Jeune : *Guignol Photographe,* fantaisie en 1 acte, en vers.
1913, in-12, Lyon.

Joanny Bachut, *de l'Académie du Gourguillon (Dr Gros) :* Guignol Congressisse, prologue en vers, à l'occasion du Congrès français de Médecine, dit le 24 octobre 1911, avant la représentation des Frères Coq, avec dessins hors texte de *Joanny Bachut.*
1911, in-16. Rey, Lyon.

Albert Chanay : *L'Homme qui boit,* pièce en 1 acte.
1924, in-8° carré. Imp. Audin, Lyon.

Jack de Bresles : *Au Grand R...Io...Dé,* revue en 2 actes et 3 tabl., représentée au Théâtre Guignol de Stella-Plage, le 14 août 1924.
1924, in-16. Delorme, Dijon.

Nouveau Recueil de Pièces de Guignol, avant-propos de *Justin Godart,* préface de *l'abbé Laverenne,* couverture illustrée par *Bonnardel,* impression de Audin.
1925, in-8°. Masson, Lyon.
Ce recueil contient les pièces suivantes — du répertoire — ou primées aux concours annuels :
Trop causer nuit, 1 acte, d'*Albert Chanay.*
Le Père Grapignan, 1 acte, de *Louis Josserand.*

La Chatte, 1 acte, d'*Hippolyte Polinard*.
L'Oncle de Vaisse, 2 tableaux, de *Tony Tardy*.
Le Miracle d'Anaïs, 1 acte, d'*Albert Chanay*.
En Manœuvres, 1 acte, d'*Albert Chanay*.
Gnafron en loterie, 1 acte, de *Pélissier*.
Le Diamant, 2 actes, de *Pierre Rousset*.
La Terme, 1 acte, de *Mancardi*.
L'Apprentisse, 3 actes, de *Thomas Bazu*.
L'Ecole des Ménagères, 2 actes, de *Catherin Bugnard*.
Le Gone à la Tête de Bois, 2 actes, de *J. des Verrières*.
Le Trésor, 2 actes, de *J. Mazuyer*.
Mam'zelle Gnafron, 2 tableaux, de *P. Fournier*.
Le Grand Boursicotier, 2 actes, de *Bistanclaque*.
Le Piqueur d'Once, 2 actes, de *R. du Marais*.
(Il existe, pour ce volume, une *reliure originale* de l'éditeur, avec fers spéciaux.)
Tirage à 1.000 exemplaires, dont 20 exemplaires sur Hollande, numérotés 1 à 20, plus 20 exemplaires (hors commerce) pour l'imp., l'édit. et les collab. (sur Hollande), num. I à X.

Catherin Bugnard : *L'Ecole des Ménagères*, comédie en 2 actes, avec figures dans le texte.
1925, in-8°. Imp. Andin, Lyon.
Tirage (hors commerce, réservé à l'auteur), à 30 exemplaires sur Hollande, même composition que le précédent recueil; on a ajouté quelques dessins.
(Voir également aux œuvres d'Eugène Lefebvre ci-après indiquées, l'exemplaire manuscrit de cet ouvrage.)

Editions de la Revue des Comédiens de Bois.
Jack de Bresles : *Te rêves, eh Lyonnais!* Revue en 2 actes et 4 tableaux, couverture avec cul-de-lampe de Eugène Lefebvre, frontispice de *Paul Jeanne*.
1925, in-8°, Delorme, Dijon.
Tirage à 150 exemplaires numérotés à la Presse :
23 exempl. sur Hollande avec dessin aquarellé au pinceau.
27 exempl. sur Vergé antique, avec dessin en bistre.
100 exempl. sur papier blanc, avec dessin en noir.

Tony Tardy, *Profession libérale*, fantaisie juridique en 2 actes, avec 2 dessins frontispices et 1 cul-de-lampe de *Polack*.
1926, in-8°. Delorme, Dijon.
Tirage à 200 exemplaires numérotés :
23 exemplaires sur Hollande..... de 1 à 23
177 exemplaires sur vélin blanc.... de 24 à 200

Jean Goumard (*Nouvelle Tirelle*). *Une partie de Billard du Cercle des Chefs d'Atelier de la rue de Crimée, à Lyon,* fantaisie guignolesque et charge à jet continu.
   fév. 1914, in-8°. Lyon .

F. Trenard, *Quatre pièces faciles à jouer,* — avec illustrations, — contenant :
   L'Enquête,
   La Clause,
   La Proie des Bandits,
   Le Nez du Commissaire.
      s. d. in-8°. A. Picard, Paris.

Emile Delaunay, *Guignol du Grand Cercle,* contenant un prologue et un recueil de pièces.
   1912, in-8°. Gerente (Aix-les-Bains).

LES PIECES

DE THEATRE GUIGNOL TEXTE et AQUARELLES
DE
L'UGÈNE PONTEAU

Eugène Lefebvre, *Les Pièces de Théâtre Guignol*, texte et
aquarelles de l'*Ugène Ponteau*.

Plus de Gognandises, pièce en 2 actes et 4 tableaux, avec
14 illustrations aquarellées.

  1912, in-4° carré. Lyon.

    *Edition à 115 exemplaires aquarellés,
     numérotés et signés par l'auteur.*

  6 exemplaires sur papier impérial du Japon.

  (le n° 1 contient tous les dessins originaux)

  1 exemplaire sur Wathman.

 100 — sur Hollande van Gelder Zonen.

  8 — sur Vélin.

La Parodie de l'Etranger, en 2 actes et 3 tableaux, frontispice dessiné et gravé par *Dalbanne*, tiré par Ch. With-
mann, de Paris, — impression sépia, rouge, — filets noirs
faits à la main, 51 illustrations aquarellées.

  1913, in-4° raisin. Lyon.

   Tirage primitif à 63 exemplaires numérotés.

N° 1 sur Japon ancien à la forme, contenant tous les dessins originaux, plus 3 états du frontispice et le cui-
vre.

N° 2 sur Japon, contenant les esquisses sur calque, détruit
accidentellement).

60 exemplaires sur Vélin van Gelder Zonen.

(27 exemplaires ayant été détruits par l'auteur, il ne reste
donc plus que 34 exemplaires de cette Edition).

Que de Guignon!, pièce en une longueur tramée soye et
coton, — édition tirée en sépia, — avec caractères Grasset
sur papier Hollande à la forme van Gelder Zonen, avec
couverture sur papier impérial du Japon, sous chemise,
contient deux aquarelles originales hors texte, variant à
chaque exemplaire.

  1914, in-4° raisin. Lyon.
  Tirage à 35 exemplaires, numérotés et signés.

La Malle, pochade pochardée en un acte, décorée de 3 ban-
deaux aquarellés, ainsi que la couverture et le titre. Couverture sur papier teinté d'Arches.

  1922, in-4° raisin. Paris.
  Edition à 25 exempl. sur papier à la forme :
N° 1 sur Vélin blanc « Arnold » contient tous les dessins
    originaux dans une reliure plein chagrin, 1 plat en
    cuir modelé, coloré, gardes soie, filets.
De 2 à 25, 24 exempl. sur Hollande von Geler Zonen.

L'Entêtation Amatée, gognandise en un acte, avec 3 illustrations aquarellées au pinceau, numérotées et signées par
l'auteur.

  1925, in-4° raisin, Paris.
Tirage à 25 exempl. sur Vélin Hollande à la forme Van
    Gelder Zonen, le N° 1, non relié, contient les 3 dessins
    originaux avec un plat de reliure en cuir modelé, coloré.

Vertingo, lever de rideau. texte et dessins d'*Eugène Lefebvre*, avec préface de *Th. Bazu*. Les dessins aquarellés au
pinceau par l'artiste comprennent :
  3 titres illustrations, 1 cul-de-lampe.
  1927, in-4°, Paris.
Tirage à 51 exemplaires, numérotés et signés par l'auteur,
    dont :
    1 exemplaire sur Japon.
    50   —   sur Ingres d'Arche à la forme.

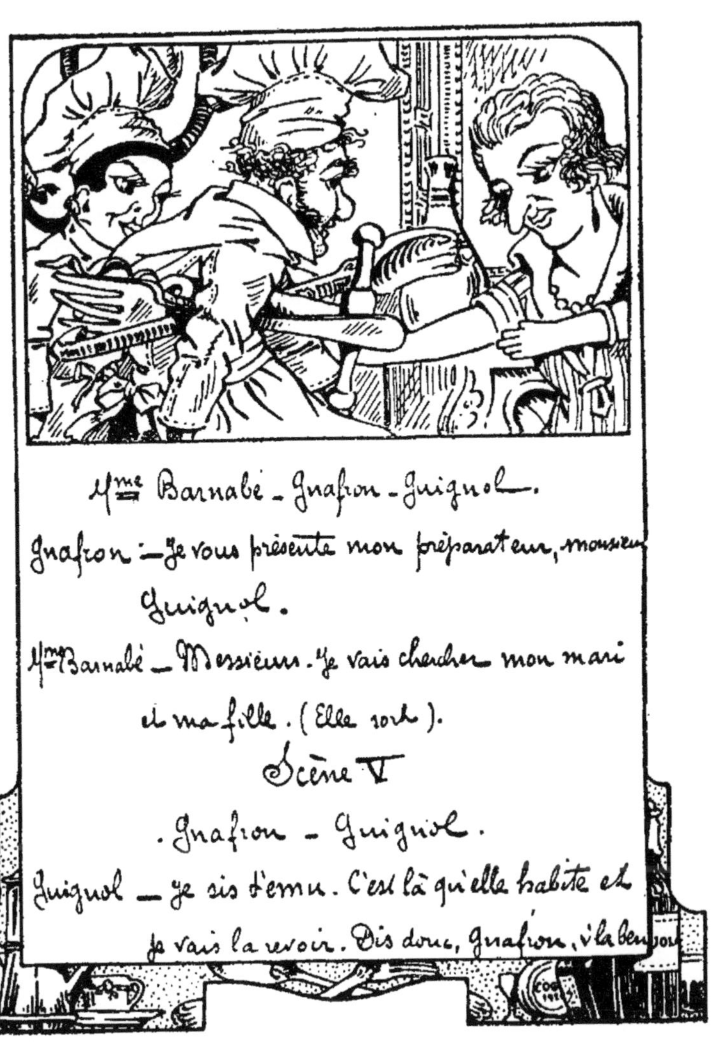

Manuscrit de l'École des Ménagères

L'Ecole des Ménagères, *de Catherin Bugnard,* manuscrit
et illustrations originales aquarellées par *Eugène Lefebvre,*
sur Hollande blanc van Gelder Zonen, in-4° carré (1925),

comprenant :

- 1 couverture sur Japon.
- 1 titre.
- 1 faux-titre.
- 2 pages (Actes I et II).
- 13 aquarelles (personnages).
- 53 encadrements.
- 16 feuilles.
- 1 couverture.
- 2 feuilles de garde.

Les volumes de cette collection, — édition de luxe pour
amateurs, — ne seront jamais réimprimés, les épreuves et
clichés sont détruits après impression. Les illustrations étant
toutes aquarellées au pinceau par l'auteur et, par consé-
quent, différentes pour chaque dessin, constituent des exemplaires uniques.

Le texte, — écrit en canut phonétique, — est une manifestation folkloriste « posthume » de feue l'Académie du Gourguillon.

Gnafron en Bellecour (Entétation Amatée)

6 *Brochures*, éditées par *Eldrdin*, tourneur en bois, couverture illustrée, in-8°, Lyon.

1879 et 1903. *La Consulte*, pochade en 1 acte, par *Louis Josserand*.

Le Prix des Coups de Bâton, 1 acte, par *Louis Josserand*.

1879. *La Leçon de Musique*, 1 acte, de *Laurent Mourguet*, arrangé par son petit-fils *Louis Josserand*.

(Version à 3 personnages de la transcription d'Onofrio, la scène finale de la reconnaissance n'existant pas).

1883 - 1896. *Au Clair de la Lune*, pièce en 1 acte.

(Cette pièce se trouve dans Onofrio, avec le titre : *Ma Porte d'Allée*.

1884. *Le Pot de Confiture*, pièce en 1 acte.

(Même version que celle d'Onofrio).

Isidore Claqueret, *Chantecoine, ou la Folie de Guignol*, comédie sentimentale en 1 acte et 2 tableaux, couverture imprimée.

1910, in-8°, Lyon.

G. Tiennet, *Le Rapide n°* 6, pièce en 1 acte, représentée pour la première fois, le 7 août 1921, au Théâtre Guignol de l'Etoile de Simonest.

s. d. (1921), in-8°, Gloppe, Lyon.

Brochures publiées par Denis Valentin, *à Lyon*, in-8°, avec couvertures imprimées ou illustrées.

Tony Tardy :

Le Malade bien portant.
La Belle-Mère apprivoisée.
La Maison Hantée.
Les 3 Souhaits de Guignol.
Les Oncles de Guignol.
Un Commerce dangereux.

Bistanclaque :

Le Frelon chez les Abeilles.
Mobilisés!

Denis Valentin : Réduction ou arrangement de pièces du
répertoire :

La Leçon de Chant.
Le Médecin malgré lui.
Les Neveux de l'Oncle.
Parodie de Faust.
Le Testament de l'Oncle Durand.
Le Conseil de Maître Pathelin.
La Crise du Logement.
Le Lait d'Anesse.
Cogne sur Boche.
La Vie chère.
L'Ami de Vaisse.
Les Brigands.
Le Duel de Guignol.
Tue-le !
Son Altesse le Prince KK.
      (publiée ensuite sous le titre :
Les Prétentieuses Ridicules.
On les aura !
Le Noël de Guignol.
Le Cousin de Brindas.
Le D Guignol (pastiche de l'*Amour Médecin*).
L'Avare et Guignol.
Le Voleur volé.
La Sainte-Catherine.
Le Déménagement de Guignol.
La Racine d'Amérique.
Le faux Testament.
Les Frères Coq.
L'Amour de l'Argent.
Le Bourgeois gentilhomme.
Le Légataire.
Tu ne chanteras pas !

Ces pièces ont été également réunies en volumes :
1er volume : *Pour les Enfants, pour les patronages.*
2e   —   : *Pour les Grands.*
3e   —   : *Pièces classiques, comédies modernes.*

En *tirage ordinaire* et *Edition de luxe numérotée*, à savoir :
de 1 à 50, 50 exempl. sur Hollande van Gelder Zonen.
de 50 à 100, 50 exempl. sur Vélin d'Arches.
1925, in-8°, Denis Valentin, Lyon.

Guignol au front, 3 Brochures, couverture imprimée.
s. d. in-8° coquille, imp. Vernay (Lyon).

(A. Grandjean), *Guignol Cuistot*, comédie bouffe en 1 acte
et 6 personnages.

(A. Grandjean], *La fin de la Guerre*, pièce héroï-comique,
en 3 actes, plus un tableau.

(Henri Castigue), *L'Equipe Agricole*, comédie satirique en
2 actes et 7 personnages, d'après des relations authentiques de diverses provenances.

DOCUMENTAIRES SE RAPPORTANT
DIRECTEMENT AU THÉATRE
(voir aussi les documentaires sur l'histoire générale
des Marionnettes).

TANCRÈDE DE VISAN, *Le Guignol Lyonnais*, avec préface de
Jules Claretie, couverture illustrée, dessins et reproduc-
tions photographiques hors texte.
1912, in-12, Bloud, Paris.
(Excellente étude d'ensemble, la seule qui ait été écrite).
(Il a été fait, en plus, un tirage spécial comprenant :
10 exempl. sur Japon numérotés de 1 à 10.
50 exempl. sur Hollande, numérotés de 11 à 60.

J. L., *La Politique de Guignol, Gnafron et Cie.*
1876, in-8°, Lyon.

JACQUIER (L.), *La Politique de Guignol* (1902-1904).
1908, in-8°, Lyon.

MAMI DUPLATEAU (*Auguste Bleton*), *Véridique Histoire de*
l'Académie du Gourguillon.
1918, in-8°, Mougin-Rusand, Lyon.
(Tiré à 100 exmpl. sur Japon).

DESVERNAY (FÉLIX), *Laurent Mourguet et Guignol. — La*
Vie de Laurent Mourguet, par Félix Desvernay. — Dis-
cours prononcés à l'Inauguration du Monument, par *Justin*
Godart, Edouard Herriot, Séverine, Joanny Bachut
(*Dr Gros*). *R. du Marais.*
120 pages, fig.; couverture d'*Abel Faivre.*
1912, in-8°, A. Rey, Lyon.
(*Tirage à 250 exemplaires*).

GÉROME COQUARD, *Deux artistes : Laurent Josserand, Henri*
Delisle.
s. d. broch. in-8° de 7 pages, Storck, Lyon.

Eugène Lefebvre (*l'Ugène Ponteau*), *L'inauguration du M'nument L. Mourguet, à Lyon,* fac-similé autographe, tirage ocre et sépia.
1914, in-4° raisin, Lyon.
Tirage à 150 exempl., dont 50 avec dessins originaux, numérotés et signés, mis dans le commerce.

Jean Vermorel, *Quelques Petits Théâtres Lyonnais des XVIII° et XIX° siècles,* couverture illustrée, hors texte d'*Eugène Lefebvre,* aquarellé au pinceau par l'artiste.
1918, in-12, Cumin et Masson, Lyon.
(De la collection : les Amis du Vieux Lyon).
Tirage à 200 exemplaires (dont 5 réservés à l'auteur) tous numérotés à la presse.

Docteur Gros (*Joanny Bachut*), *Pourquoi aimons-nous Guignol ?...* Conférence faite le 4 décembre 1908, à l'Hôtel de la Chanson, pour la Société d'Auditions littéraires et musicales, publiée intégralement dans le n° 1 de janvier 1909, de la Chanson.
(Conférence très intéressante du dernier Académicien de l'Académie du Gourguillon).

Jehan Sarrazin, *Souvenirs de Montmartre et du Quartier Latin.*
1895, in-12, Sarrazin, édit., Paris.
(Nous signalons ce livre pour les renseignements donnés par l'auteur, qui était Lyonnais, sur ses essais au Théâtre Guignol, à Paris).

Denis Valentin, *Petit Dictionnaire,* recueil de mots et expressions de langage lyonnais avec leur explication. Edit. popul.
s. d., brochure in-8°, D. Valentin, Lyon.

Denis Valentin, *Le Conservatoire de Guignol,* conseils. Edition populaire.
s. d., brochure in-8°, D. Valentin, Lyon.

Justin Godart, *Guignol et l'Esprit Lyonnais*, conférence
faite aux Annales, le 23 mars 1909, avec 3 fig. dans le
texte.
1912, in-8°, Rey, Lyon.

Justin Godart, *Guignol et la Guerre*, plaquette avec illustrations, en noir et en couleurs, tirée à 25 exemplaires.
1919, petit in-12 carré, Lyon.

Nizier du Puitspelu (*Clair Tisseur*), *Le Littré de la Grand'-
Côte, avec portrait de l'auteur, chez l'Imprimeur juré de
l'Académie*, à l'enseigne de la Cigogne.
1894, in-8°, Storck, Lyon.

2ᵉ Edition du même volume à 500 ex. numérotés, avec
avertissement de l'Editeur et portrait de l'auteur.
1903, in-8°, Storck, Lyon.

3° Edition, du même volume, avec *Préface, par Emile Le-
roudier* et portrait de l'auteur.
1926, in-8°, Masson, Lyon.
Tirage à 600 exempl. numérotés, dont :
30 exempl. sur papier vergé de....... 1 à 30
570 — — alfa de ...... 21 à 600

Blanc (Louis-Etienne), *Les Canettes de Jérôme Roquet (dit
Tampias)*, ouvrier taffetaquié, avec présentation de Etienne
Blanc.
1862, in-12, Méra, Lyon.

2ᵉ Edition, avec 2 portraits, Impression de L. Perrin.
1865, in-8°, Lyon.

(*Le Littré de la Grand'Côte* sera utile pour la compréhen-
sion des locutions en canut du répertoire lyonnais. Quant
aux *Canettes de Jérôme Roquet*, plusieurs des chansons de
ce recueil sont chantées dans les pièces du Répertoire).

POLICHINELLE

« Le Polichinelle Français est vêtu
« de rouge et de jaune, et galonné
« de vert. Ainsi jouait l'acteur Ju-
« pille le rôle de Polichinelle. —
« Ainsi le peignit Watteau...

(GUSTAVE KAHN).

THÉATRE PARISIEN

Dans ce chapitre, nous avons réuni le *Répertoire des Castelets Parisiens* dérivant du *Théâtre de la Foire*, c'est-à-dire avec *Polichinelle*, — les œuvres des littérateurs qui ont écrit pour les poupées à gaîne, en regrettant qu'ils n'aient pas su créer un type local parisien, s'ils ne voulaient pas conserver notre vieux Polichinelle — (pourquoi ?) — et aient suivi, dans leur erreur les casteliers de Jardins Publics, avec un personnage souvent anormal, qu'ils appellent Guignol et qui n'a, du type primitif de notre cher canut lyonnais, — que le nom. — Nous joindrons également les *théâtres spéciaux des Cabarets Artistiques* ou de *conception personnelle*. Nous terminerons par le répertoire pour *théâtres enfantins*, bien que ces productions n'aient aucune valeur bibliographique ou littéraire. Quant au répertoire des Castelets de Jardins Publics, il n'est ni édité, ni éditable. Le texte n'existe pas et ne peut exister, étant donné qu'il est matériellement impossible, en jouant dehors, de se faire entendre, quel que soit l'effort donné. Les paroles sont remplacées par le mouvement et les jeux de scène. C'est un très vague à-peu-près; ce n'est plus du théâtre.

Jules Rémond, *Polichinelle*, farce en 3 actes, pour amuser
les grands et les petits enfants, avec illustr. de *Mathieu
Gringoire (Georges Crnikshank)*, d'après le texte de
Punch et Judy.
1838, Paris.

Eugénie Foa, *Mémoires d'un Polichinelle*, contenant *Polichinelle*, drame en 1 acte, texte des Champs-Elysées en
1838, 5 fig.
1840, petit in-12, Hauman et Cie, Bruxelles.

Le Théatre des Marionnettes du Jardin des Tuileries.
texte et composition des dessins, par Durantty, grand
dessin et frontispice en couleurs pour chaque pièce, couverture illustrée.
s. d. (1860), in-8°, Dubuisson et Cie, Paris.

Deuxième édition du même volume que certains, comme
Maindron, indiquent, par erreur, comme édition originale.
1880, in-8°, Charpentier, Paris.

Ces deux éditions, semblables quant au texte et illustr.,
contiennent, avec un *préambule* philosophique pour chaque
pièce :

Introduction, par Duranty.

Polichinelle Précepteur	en 1 acte
Les Voisines	en 2 parties
La Malle de Berlingue	en 2 tabl.
Polichinelle et la Mère Gigogne	en 1 acte
L'Homme au Cabriolet	en 5 tabl.
Pierrot et le Pâtissier	en 1 acte
Mariage de Raison	en 1 acte
Le Tonneau	en 1 acte
Cassandre et ses domestiques	en 1 acte
Les Boudins de Gripandouille	en 1 acte
Le Sac de Charbon	en 3 parties
La Grand'Main	en 1 acte
Les Plaideurs malgré eux	en 3 tabl.
La Fortune du Ramoneur	en 3 tabl.
Polichinelle retiré du monde	en 1 acte
La Poule Noire	en 3 parties
Le Marchand de Coups de Bâton	en 1 acte
L'Exercice impossible	en 1 acte

Le Miroir de Colombine .... en 1 acte
Les Deux Amis .... en 1 acte
Les Drogues de Cataclystérium .... en 1 acte
Le Revenant .... en 1 acte
La Comète du Roi Mirandole.......... en 3 tabl.
Epilogue. Petit Discours de Polichinelle au lecteur.

(Excellent Répertoire où Polichinelle conserve son caractère légendaire. Les pièces de Duranty furent reprises, soit par les auteurs lyonnais qui, — comme *Tony Tardy* firent des *Plaideurs malgré eux,* sa comédie : *Profession libérale,* du *Marchand de Coups de Bâton, un Commerce dangereux.* Cette même pièce, par *Denis Valentin,* devint les *Brigands,* etc. Graffigny, sur lequel nous reviendrons transcrivit quelques textes).

FERNAND DESNOYERS, *Le Théâtre de Polichinelle,* prologue, en vers, pour l'ouverture du Théâtre de Marionnettes dans le Jardin des Tuileries(pour le *Théâtre de Duranty)* avec gravure à l'eau-forte, hors-texte et couverture illustrée.
    1861, petit in-8° carré, Poulet-Malassis et Debroise (Paris).

Polichinelle, drame en 3 actes *d'Olivier* et *Tanneguy de Penhoët,* illustré par *Georges Cruishanck,* figures sur bois, — couverture cartonnée de l'Editeur, — illustrée sur les plats, — avec Préface et notes.

    1836, in-12. Bureaux de l'Imprimerie Pittoresque d'Angleterre, Paris.
Ce livre est la traduction française du « Punch and Indy » de Collier (voir Marionnettes anglaises) avec la reproduction de 20 des dessins de Cruishanck; la version originale anglaise comprend 29 illustrations, bien meilleures comme gravures. Nous possédons, de cette édition anglaise, un rarissime exemplaire avec les illustrations aquarellées au pinceau.
Les signatures : Olivier et Tanneguy de Penhoët sont les pseudonymes d'Anatole Chabouillet et Moigan.

***POLICHINELLE *(de Guignol),* drame super-humain, en 3 actes, précédé d'une préface de *Gustave Kahn,* couverture et frontispice avec encadrement (tiré sur vergé teinté).
    1906, petit in-12 couronne, Sandot (Paris).
Il a été tiré 25 *exemplaires numérotés sur Hollande.*
(Ce drame, comme le précédent, est la traduction intégrale du *Punch and Judy,* remplacés par *Polichinelle et sa femme.*

DARTHENAY, *Guignol des Salons*, avec préface de *Coquelin
cadet*. *Note* de l'auteur, couverture illustr. en couleurs.
s. d. (1888), in-12, Plon et Nourrit, Paris.
Ce volume contient :
  Monsieur Bébé .... comédie en 3 actes
  Baquillon rendant la justice .... comédie en 1 acte
  Le Gros Lot de la Loterie des Batignoles. en 1 acte
  M. le Sous-Préfet de Crétinville-les-Pommes en 1 acte
  Paul et Virginie .... vaudeville en 1 acte
  Le Grand-Papa .... drame en 3 actes
  La Marotte de M. Dupiton ..... comédie en 2 actes
  Un Crime dans la Cuisine .... en 1 acte
  L'Avare et son Trésor .... en 3 actes
  Nos Voisins de Campagne...... en 1 acte
  Le Revenant de Pontoise ...... en 3 actes

DARTHENAY, *Le Théâtre des Petits*, comédies pour enfants
ou marionnettes.
1890, in-12, Tresse et Stok, Paris.

PIERRE O., Six brochures, couverture imprimée :
  Le Mariage d'Arlequin.
  Florine ou la Clef d'Or.
  Les Méfaits de l'Ami Grognard.
  Le Talisman de Rosette.
  François le Bûcheron.
  Au Clair de la Lune.
  s. d. in-16, Watilliaux, Paris.

FERNAND BEISSIER, *Théâtre de Guignol*, 2 éditions, illustrées,
l'une par *Mesplès*, l'autre par *Vignerot*, couverture illustr.
s. d. (1887), in-8°, Lib. Théâtrale, Paris.

Ce volume contient :
  Guignol au Public, prologue en vers.
  Guignol et la Cabaretière .... en 1 acte
  Le Docteur Cornibus .... en 1 acte
  Propriétaire et locataire .... en 2 tabl.
  Guignol en Enfer .... en 2 tabl.
  Les Chasseurs et l'Ours .... en 2 tabl.
  Les Noces de Polichinelle .... en 2 tabl.
  (Recueil bien écrit et répertoire amusant) .

ARTHUR POYDENOT, *Polichinelle aux Enfers*, plaquette en
vers.
   1899, Demachy, édit., Paris.

CLAUDE HINOT, *Le Fils à Guignol*, petites scènes avec chants
pour Théâtre Guignol et Théâtre de Salon, avec illustration et musique, couverture illustr. en 2 volumes.
   s. d. in-8° carré, Larousse, Paris.

ALPHONSE CROZIÈRE, *Le Vrai Théâtre Guignol (les Champs-
Elysées chez soi)*, avec gravures, couverture cartonnée,
illustrée, de l'éditeur.
   s. d. in-8° carré, Fernand Nathan, Paris.

Ce volume contient :

Avis de l'auteur.
Le Maître de Chant .... en 1 acte
Le Trésor de Rigolo .... en 3 tabl.
Le Cousin Moutardier................... en 2 tabl.
Le Bandit a trouvé son Maître .... en 2 tabl.
Le Jour de l'An .... en 1 acte
Le Diable et le Gendarme .... en 1 acte
Au Voleur! .... en 1 acte

(Bonnes pièces, faciles à jouer. Le *Cousin Montardier* a
été transcrit, au répertoire lyonnais, par *D. Valentin*, sous le
titre : *Le Cousin de Brindas*).

Mme GIRARDOT, *Théâtre et Marionnettes pour le Petits*, avec
gravures et notes, couverture illustrée, cartonnée de l'Editeur).
   s. d. in-8° carré, F. Nathan, Paris.
(Premier recueil écrit sur le *Théâtre à l'Ecole*, à l'usage
des Ecoles Maternelles, contenant 20 saynettes simples pour
les petits).

MÉTHIVET et DE BUSSY, *Guignol Musical*, recueil de 20 saynettes avec illustr. en couleurs de *Lucien Méthivet* et *Ferco
(Charles de Bussy)*, et en noir, hors-texte de *Poulbot*,
couverture cartonnée, illustrée en couleurs de l'Edit.
   s. d., in-4°, Flammarion, Paris.
(Ces saynettes ont paru d'abord dans un périodique pour
enfants).

ADOLPHE TAVERNIER et ARSÈNE ALEXANDRE, *Le Guignol des Champs-Elysées*, avec préface de *Jules Claretie*, illustr. couverture illustrée.

s. d. in-4°, Delagrave, Paris.

Ce recueil comprend :

Le Voyage dans la Forêt.................... 1 acte
Guignol domestique .... 1 acte
Guignol en prison .... 1 acte
Guignol médecin .... 1 acte
Guignol homme du monde .... 2 tabl.
Guignol et ses Créanciers .... 1 acte
Le Mariage de la Mère Michel .... 1 acte
Guignol Assassin .... 1 acte
Le Jugement .... 1 acte
Guignol en Enfer .... 1 acte

(Volume bien édité, et bien écrit. Peut tout aussi bien, — devrait même, — se jouer avec Polichinelle au lieu de Guignol, puisqu'il s'agit d'un théâtre Parisien. Les illustrations, d'ailleurs, représentent Polichinelle. Ces pièces ont paru dans un périodique enfantin.

CHARLES SÉGARD, *Guignol Apothicaire*, comédie en 1 acte, illustrations de *Boutet de Mouvel*.

s. d., in-12, Delagrave, Paris.

(Même sujet que le Dr *Cornibus*, de F. Beissier et que *Guignol Médecin*, du précédent recueil).

JULES CHANCEL, *Le Coffre-Fort de Polichinelle*, comédie en 1 acte, gravures et couverture illustrée, en couleurs, de de la Nézière.

s. d., in-12 carré, Delagrave, Paris.

LEMERCIER DE NEUVILLE, *Nouveau Théâtre de Guignol*, couverture illustrée, en 2 volumes.

1898, in-18, Bornemann, Paris.

Le 1ᵉʳ volume contient :

Une affaire d'honneur.
Le Fantôme.
Une Journée de Pêche.
Le Sac de Pommes de Terre.
Le Grand Palot.
Et une *Notice.*

Le 2ᵉ volume comprend :
L'Education de Pierrot.
Le Petit Domestique.
Pierrot pendu.
L'Auberge du Mouton-Enragé.
La Jeunesse de Guignol.

HENRI BLONDEAU et VICTOR BUTEAUX, *Guignol s'en va-t-en-guerre*, bochade en 3 tabl. et 1 prologue, mêlée de triques, de trucs, de tracs et de couplets, couv. illust.
1915, in-12. Storck, Paris.

H. DE GRAFFIGNY : 14 *Brochures*, couvert. illust., en couleurs, différente pour chaque pièce.
s. d., in-16. Lesot, Paris.
Aventures du Baron Pierrefeu.
Bonne Partie de Campagne.
Culotte-Rouge ou le *Vainqueur de Kraken.*
Les Deux Avocats.
Les Farces de Guignolet.
Guignol-Apache.
Le Malade Récalcitrant.
Le Marchand de Coups de Bâton.
La Malle fantastique.
Un Mariage d'argent.
Polichinelle Ermite.
Le Talisman.
Les Tracas du Père Califon.
Le Trésor du Pôle.
(Répertoire « emprunté » à Duranty, à Tavernier et Arsène Alexandre.)

GERMAINE DE SURVILLE : *Le Déménagement de Guignol,* pièce en 1 acte. — *Le Mariage en Avion,* pièce en 2 actes. — Avec illustrations de l'auteur, couverture illustrée, 68 pages.
s. d., in-12 coquille. Ed. Sic, 26, rue du Départ, Paris.
Tirage à 75 exemplaires, dont :
10 ex. aquarellés par l'auteur.
2 ex. sur Chine réimposés A et B.

THÉATRE ENFANTIN[1]: *Guignol de la Guerre*, de *G. Cony*.

1918 *Noël Soldat*............ broch. de 8 pages.
 — *Noël au Front*........ broch. de 4 pages.
 — *Noël de Guerre*........ broch. de 4 pages.

GUIGNOL FAIT LA GUERRE, avec illust. de *Luc Mégret* (*Collection des Livres Roses de la Jeunesse*).
1919, brochure. Larousse, Paris.

PETIT RÉPERTOIRE DE GUIGNOL, couverture imprimée, 2 brochures de chaq. 32 pages.
s. d. (1919). Courmes, Nice.

6 BROCHURES (en collaboration avec *Luc Mégret*), couvertures illust. de *Luc Mégret*, différentes pour chaq. pièce.
Le Bâton du Professeur.
Le Bâton Magique.
Guignol bat les tapis.
Duel au Bâton.
Vingt coups de trique.
Tout finit par le Bâton.
1925, in-12 carré. H. Boulord, Niort.

EDITIONS MAGIC. Couverture illustrée, 2 brochures de chaq. 8 pages, de *G. Cony*.
N° 1 *L'Hôtel du Lapin blanc.*
N° 2 *La Cuisinière.*
s. d., in-8°. Thiessard, Paris.

Le théâtre des Pupazzi, de Lemercier de Neuville.

Les Pupazzi au Chalet, à-propos en vers.
   1865, plaquette in-8°. Vichy.

I. Pupazzi, illust. de l'auteur, couvert illustrée.
   1866, in-18 jésus. Dentu, Paris.
   Ce recueil contient le texte dit, pour la présentation des
      Pupazzi sur planchette pour 39 contemporains, une
   Préface de l'auteur et les pièces suivantes :
   Le Procès Belenfant des Dames.
   Les Pupazzi de l'Atelier : Un drame à enfant.
                              Le Vrai Bonhomme.
                              Le Camp de Saint-Maur.

Paris-Pantin (2ᵉ *série des Pupazzi*), illust. par l'auteur,
   couverture illustrée.
   1868, in-18 jésus. Lacroix et Verdeckhoven, Paris.

   Ce volume comprend, outre la Préface et quelques pro-
      logues en vers, les pièces suivantes :
   Les Fourberies de M. Prudhomme.
   Le Petit-fils de M. Prudhomme.
   Mon Village.
   Mme Benoiton est indisposée.
   Le rat Deville et le rat Deschamps.
   Le système de M. Prudhomme.
   Le Procès Belenfant des Dames.
   Le Paquet n° 6.
   Le mariage de Vénuska.
   Prudhomme spirite.
   Une Collaboration..
   Les Indiscrétions Parisiennes.
   La Maison Robert Macaire et Cie.
   Une cabine pour deux.

Fleur de Guitare, scène de la vie amoureuse et tourmentée,
   en 1 acte, en vers et en chansons, avec accompagnement
   de guitare.
   1868, broch. in-18 jésus. Durry, Strasbourg.

Mon Village, intermède pastoral, en 1 acte et en vers.
1868, broch, in-18 jésus. Marseille.

Sur la Terrasse de Monte-Carlo, pièce des Pupazzi, en
vers.
1872, broch, in-18 jésus.

Le Mandat Impératif, pièce des Pupazzi, en vers, avec dessin de l'auteur.
1872, broch. in-18 jésus.

Le Théâtre des Pupazzi, couverture illustrée, dessinée et
gravée à l'eau-forte par *Lalauze*, portrait de l'auteur dessiné et gravé à l'eau-forte par *Fugère*. Chacune des
pièces est ornée d'un en-tête humoristique dessiné et
gravé à l'eau-forte par *Cham* et *Bertall*.
1876, in-8°. Scheuring, Lyon.
Belle édition qui contient, outre la *Notice* :

Le Procès Belenfant des Dames.
Les Fourberies de M. Prudhomme.
Mme Benoiston est indisposée.
La 6ᵉ Chambre.
Le Roi Prudhomme.
Une Partie d'Echecs.
Une activité dévorante.
L'Ile des Gredinfilards ou l'Essai loyal.
Jules.
Les Autorités.
Le Mandat Impératif.
Le Grand-Duc de Gérolstein.
Le Pays des Cocos fêlés.
Une Séduction.
Les Prétendus d'Isabelle.
L'affaire Saint-Nénuphar.
La République Athénienne.

La Femme du Monde et l'Auvergnat, pièce des Pupazzi.
1876, broch. in-18 jésus.

Les Pupazzi de l'Enfance, illust. de *Boutet de Monvel* et
de *Morin,* couverture illustrée.
1881, in-4°. Delagrave, Paris.

Ce recueil contient :
Préface.
Le Remords de Pierrot.
Les Trois Gendarmes.
L'Armoire Magique.
Le Procès de Polichinelle.
Le Sac de Scapin.
Avant la Fête.
Notice sur les Pupazzi.

Contes et Comédies de la Jeunesse (2ᵉ édition des **Pupazzi**
de l'Enfance), contenant les pièces ci-dessus, sauf le
Sac de Scapin qui ne se trouve que dans l'édition originale, — et des *Contes,* dessins de *Boutet de Monvel*
et de *Louis Morin,* couvert. illustrée.
1890, in-4°. Delagrave, Paris.
(Ces contes et comédies ont paru dans le journal « Saint-
Nicolas ».)

Nouveau Théâtre des Pupazzi, illustré par l'auteur, cou-
verture illustrée.
1882, in-18 jésus. E. Hilaire, Paris.
Ce volume contient, outre la Préface :
Le Bain du Consul.
L'Esclave Ivre.
Le Conseil Municipal de Saint-Potin.
La Femme du Monde et l'Auvergnat.
Où en sommes-nous ?...
Cinquante-deux millions, savez-vous ?
La Robe de soie.
Un drame impossible.
Un Déménagement.
Le duc de Carcassone.
Une Instruction criminelle.
Marches et systèmes.
Les lundis de Mme Bas-d'Azur.

Une Fête à la Poterie, à-propos.
1884, broch. in-16.

A Monte-Carlo, arlequinade en 1 acte.
1885, broch, in-16. Imp. de Monaco.

Tout-Paris, Revue de l'année 1886, avec 14 croquis de
l'auteur, couverture illustrée.
1886, broch. in-16 jésus. Lib. Théât., Paris.

Le Général Pruneau, de Tours, comédie en 1 acte.
1887, broch. in-18 jésus. Lib. Théât., Paris.

Les Avocats, comédie en 1 acte.
1887, broch, in-18 jésus. Lib. Théât., Paris.

Le Crime de Moutiers, comédie en 1 acte.
1887, broch. in-18 jésus. Lib. Théât., Paris.

Le Sac de Scapin, comédie en 1 acte, des Pupazzi de
l'Enfance.
1894, broch. in-18. Lib. Théât., Paris.

Les Pupazzi Inédits, couverture illustrée.
1903, in-18. Flammarion, Paris.
Ce recueil contient les inédits suivants :
Les Hommes de Chambre.
Les Souvenirs d'un Préfet de Police.
Les Conspirations.
Les Diplomates.
Une soirée sous la Décadence.
La Soirée Bécassin.
Le Député improvisé.
As-tu vu la Lune, mon gas ?

La Fille Elisa, scène d'atelier en 1 acte, par un auteur
bien connu.
s. d., broch. grand in-18 jésus. A Rome, au Temple de
Vénus.
(Tirée à petit nombre sur papier vergé.)

THÉATRE DE GEORGE SAND, *à Nohant.*

MAURICE SAND : *Le Théâtre des Marionnettes,* pièces représentées de 1868 à 1886, au château de Nohant, ou à Paris,
chez Maurice Sand. Couverture illustrée en couleurs de
Maurice Sand.
1890, in-12. Calman-Lévy, Paris.

Ce volume comprend :

Le Flageolet.
Nous dînons chez le Colonel.
La Clémence de Titus.
Funeste oubli, fatale baignoire!
Jouets et Mystères.
Les Esprits Frappeurs.
Le Candidat de Trépagny.
Le Lundi de la Comtesse.
Une nuit à Châteauroux.
La Chambre Bleue.
J'ai oublié mon panier!
La Rosière de Viremollet.
Zut!
Balandard aux Enfers!

(A noter que la plupart des Comédies de George Sand ont
été essayées, avant d'être jouées au théâtre, par les *Marionnettes de Nohant.* C'est ainsi que Duquesnel nous a fait le
récit de la *première représentation du Marquis de Villemer*
à laquelle il a assisté au *château de Nohant.*)

THEATRE DU CHAT-NOIR

Henri Somm : *La Berline de l'Emigré* ou *Jamais trop tard pour bien faire*, comédie en 1 acte.
1885, in-16. Au Chat-Noir, Paris.
(Il a été tiré, en plus de l'édition ordinaire, 30 *exemplaires sur Japon*, numérotés, avec 4 pointes sèches de l'auteur.)
Ce théâtre de Marionnettes du célèbre cabaret montmartrois est antérieur au Théâtre d'Ombres. C'est à la suite d'une représentation de la *Berline de l'Emigré* qu'Henri Rivière eut l'idée, sans avertir personne, de tendre une toile dans le vide du castelet et de faire défiler — ce, pendant que Jules Jouy chantait les *Sergots*, — quelques silhouettes découpées, en carton, derrière la toile éclairée. Cette improvisation fut un succès. Le Théâtre d'Ombres était créé au Chat-Noir.

THEATRE DES GUEULES DE BOIS

(Cabaret des Quat'z'arts)

Fernand Chézel : *Pierrot-Barnum*, exhibition en 1 acte, en vers.
1902, broch. in-16. H. Daragon, Paris.

Alfred Jarry : *Ubu sur la Butte*, réduction en 2 actes et un prologue, pour les Marionnettes, de *Ubu-Roi*. Frontispice.
1906, petit in-12 couronne. Sansot et Cie, Paris.
Tirage limité à 600 exemplaires, dont :
200 exemplaires sur Hollande.
400 exemplaires sur Vergé teinté.

GUIGNOL POUR LES VIEUX ENFANTS

Paul Ranson : *L'Abbé Prout*, recueil de 7 pièces, illust. de *Paul Ranson*, musique de Claude Terrasse, préface de *Georges Ancey*.

    1902, in-12. Mercure de France, Paris.

    Ce volume contient les comédies ci-après :

    L'Armoire des Voluptés.

    Le Lis de la Vallée.

    Le Subterfuge Culinaire.

    Le Presbytère.

    Le Mariage Noble.

    Sous l'œil de Saint Huron.

    Le Sabre et le Goupillon.

    (Charges sociales et humoristiques, très amusantes pour *Guignol d'Atelier.*)

Théatre Erotique de la Rue de la Santé, avec 2 eaux-fortes de *Félicien Rops*.

    1864. Poulet-Malassis, Bruxelles.

    (Charges d'atelier publiées à l'insu des auteurs et désavouées par ceux-ci, d'après *Lemercier de Neuville.*)

    Ce volume contient, outre la *Notice*, par *Nadar* :

    La Grisette et l'Etudiant, pièce en 1 acte, par *Henry Monnier.*

    Le Dernier Jour d'un Condamné, drame philosophique en 3 actes, par *J.-H. Tisserant.*

    Les Jeux de l'Amour et du Bazar, 1 acte, par *L. de Neuville.*

    Scapin... ruffian, drame en 2 actes, par *Albert Glatigny.*

    Signe d'Argent, vaudeville en 3 actes, par *Amédée Rolland* et *J. de Boys.*

    Le Bout de l'An de la Noce, parodie, par *Lemercier de Neuville* et *de Boys*. (Parodie du *Bout de l'An de l'Amour*, de *Théodore Barrière*.)

    La Grande Symphonie des Punaises, par *Nadar* et *Charles Bataille*, musique de *Jacques Offenbach.*

    Deuxième édition du même volume.

    1866. Poulet-Malassis, Bruxelles.

Mme Laure Bernard : *Théâtre de Marionnettes*, ouvrage à
l'usage de la jeunesse, imprimé sur papier fin satiné, orné
de jolies vignettes sur acier, non signées, couverture avec
ornements gravés sur bois.
1837, petit in-8°. Didier, Paris.
Ce volume contient :
David et Goliath.
Le Jam-E-Jam Numal.
Le Roi Lear.
Le Dormeur Eveillé.
Une Méprise.

Marc Monnier : *Théâtre de Marionnetes*, préface de *Victor
Cherbuliez*, comédies en vers.
1871, petit in-18. Richard, Genève.
Ce recueil contient, outre la *Préface* et une *note de
l'éditeur*:
Polichinelle (1852).
La Princesse Danubia (1855).
Le Roi Babolein (s. d.).
Régina (1859).
Le Curé d'Yvetot (1861).
Paillasse (1865).
L'Equilibre (1867).
(Ces différentes pièces ont paru séparément à Genève,
Berne et Neufchâtel.)

Marc Mnnier : *Faust*, tragédie de Marionnettes.
1871, petit in-18. Richar, Genève.
Ce théâtre de Marc Monnier, qui s'apparente assez avec
celui de Lemercier de Neuville, quoique plus littéraire, et
que *Sainte-Beuve* appelait : « *des bijoux poétiques* », est une
satire politique de l'époque et la publication en fut interdite
en France.

Les Marionnettes Amoureuses, saynette burlesco-tragico-
comico, en 1 acte et en vers, paroles de *Edouard Doyen*,
musique de *Jules Javelot*, contenant le livret et la musique
(piano et chant), couverture imprimée.
s. d. (1860), in-4°. Etienne Challiot, Paris.

Feu Séraphin : *Histoire de ce Théâtre depuis son origine jusqu'à sa disparition* (1776-1870), avec illust. et portrait de *Séraphin.*
   1875, in-8°. Schewing, Lyon.
   Pour les Marionnettes, ce recueil contient :
   L'Entrepreneur de Spectacles, vaudeville de *Guillemain.*
   La Belle aux Cheveux d'Or, féérie de *Noisette.*
   La Perruque de Cassandre, féérie de *Pauline Séraphin.*
   Les Fées, comédie-féérie de *Noisette.*
   Le Nain Jaune, féérie de *Noisette.*
   La Caverne de la Forêt Noire, de *Saillant.*
   (Pour le Répertoire Séraphin des *Ombres chinoises,* voir au chapitre *Ombres.*)

Henry Colombier : *Le Bandeau d'Illusion,* fantaisie dramatique pour Marionnettes, avec cul-de-lampe.
   1900, petit in-12 carré. Bruxelles.

Maeterlinck (M.) : *Alladine et Palomides, Intérieur et la Mort de Tintagiles,* trois petits drames pour Marionnettes.
   1894, in-12. Deman, Bruxelles.

Lemercier de Neuville : *Théâtre de Marionnettes,* à l'usage des enfants, en 2 volumes, couverture illustrée.
   1904, in-18 jésus. Bornemann, Paris.
   Le volume I contient :
   Notice sur l'historique des Marionnettes.
   Le Retour de Géronte.
   L'Ecole des Valets.
   Trombolini.
   L'Instruction de Pierrot.
   Le Valet doré.

   Le volume II comprend :
   La Princesse Enchantée.
   Le Bâton de Polichinelle.
   Les Renseignements.
   Le Roi Polichinelle.
   Le Valet de deux Maîtres.

Paul Claudel : *L'Ours et la Lune,* tragédie pour théâtre de Marionnettes.
   1919, in-4°. N. R. F., Paris.

Pierre Albert-Birot : *Matoum et Trévibar* ou *Histoire Edifiante et Récréative du Vrai et du Faux Poète,* drame pour Marionnettes, composé en 1918.
1919. Editions Sic, Paris.
Tirage à 120 exemplaires numérotés.
4 exempl. sur Chine, de 1 à 3 et un au nom de l'auteur.
116 exempl. sur papier d'Arches.

Pierre Albert-Birot : *Barbe-Bleue,* 2ᵉ drame tragique en 3 scènes, écrit pour Marionnettes à fil, grandeur naturelle, précédé d'une Préface, couverture imprimée, 20 pages (n° 2 de la « Quinzaine »).
1926, in-16 jésus. Edit. Sic., 26, rue du Départ, Paris.

PETIT THEATRE (*Galerie Vivienne et Bodinière*)

AMÉDÉE PIGEON : *L'Amour dans les Enfers,* comédie en un
acte, en vers.
s. d., in-12. Kolb, Paris.

MAURICE BOUCHOR : *Noël ou le Mystère de la Nativité,* en
4 tableaux, en vers, avec Préface.
s. d. (1890), in-18 de 123 p. Kolb, Paris.

Deuxième édition, du même volume, revue et corrigée,
de 108 pages.
1901, in-18 carré. Flammarion, Paris.

MAURICE BOUCHOR : *La Dévotion à Saint André,* mystère
en 1 acte, en vers, de 47 pages.
1892, in-18. Lecène, Oudin, Paris.

MAURICE BOUCHOR : *Tobie,* légende biblique en 5 tableaux,
en vers, de 113 pages.
s. d. (1889), in-18. Kolb, Paris.

Deuxième édition, revue et corrigée, de 84 pages.
1899, in-16. Flammarion, Paris.

MAURICE BOUCHOR : *Le Songe de Khéyam,* caprice en vers
de 33 pages.
1892, in-18. Lecène, Ondin, Paris.

MAURICE BOUCHOR : *La Légende de Sainte Cécile,* en 3 actes
en vers de XVIII-73 pages.
1892, in-18. Kolb, Paris.

MAURICE BOUCHOR : *Trois Mystères : Tobie, Noël, la Lé-
gence de Sainte Cécile,* de IV-267 pages.
s. d. (1892), in-18. Kolb, Paris.

MAURICE BOUCHOR : *Les Mystères d'Elansis* en 4 (5) tableaux, en vers, de 106 pages.
s. d., in-18.

Deuxième édition, revue et corrigée.
1894, in-18. Flammarion, Paris.

MAURICE BOUCHOR : *Mystères Bibliques et Chrétiens : Tobie, Noël, Conte de Noël* de IV-279 pages.
s. d. (1920), in-16. Flammarion, Paris.

MAURICE BOUCHOR : *Les Mystères Païens :* la *Naissance de Boudha,* les *Yeux de Kounala,* les *Mystères d'Eleusis,* avec introduction de l'auteur.
s. d., in-12. Flammarion, Paris.

(Très intéressante préface sur l'*historique du Petit Théâtre de Signoret.*)

4° THEATRE PICARD

Le *Théâtre des Marionnettes Picardes* ou *Théâtre des Cabotins d'Amiens*, bien moins connu que le Guignol Lyonnais, mérite une mention spéciale.

Son principal personnage, *Lafleur*, bien antérieur à Guignol, n'est donc pas — comme on l'a dit à tort — « son cousin germain », mais son frère aîné.

Et nous aurions les plus grandes difficultés, maintenant que les Théâtres Réguliers de Cabotins ont disparu (d'autant plus que le Répertoire est tout d'improvisation, sauf quelques pièces ou bouffoneries, écrites par des lettrés), pour apprécier à sa réelle et juste valeur cette manifestation régionaliste, si près et cependant si ignorée de Paris, si un poète, fervent conservateur des vieilles traditions picardes, celui que l'on a surnommé, avec juste raison, le *Mistral du Nord*, M. EDOUARD DAVID, ne nous avait noté l'histoire des Théâtres de Cabotins et recherché les origines de Lafleur, études très vivement intéressantes, très bien écrites, auxquelles nous renverrons les amateurs de folklore.

Notre intention n'était pas de parler des œuvres manuscrites; nous ferons cependant — exceptionnellement — une exception pour Lafleur qui a inspiré — et inspirera encore, espérons-le — les littérateurs picards :

Outre les œuvres imprimées que nous indiquons ci-après, nous pouvons signaler :

La *Chanson de Lafleur*, primée au Concours des Rosati Picars), de R. DE SOUTTER.

L'dernière Ec'mise (2 actes); *Létampi, Longuétchille et Cie* (3 actes); *L'Guise* (saynette), de GASTON BOURDON.

A citer aussi les Revues locales, où Lafleur tient un rôle — au Théâtre cette fois — dans les œuvres de MM. Edouard *David* ou *Camille Dupetit*, par exemple.

Les Marionnettes Picardes sont manœuvrées par des fils.

LAFLEUR

« Le plus ancien Lafleur qui ait été conservé,
« celui de M. Bellette, portait l'habit à la
« Française, taillé dans le velour rouge foncé,
« — dit d'Utrecht, — (d'où "ch'trèque" en
« patois), la chemise blanche à jabot, le gilet
« à grands ramages, la culotte courte de
« velours rouge et grenat et les bas blanc. »

(Edouard DAVID).

E. Lefèvre
1926

Le Patois Picard et Lafleur, extrait du discours prononcé
à la séance de l'Académie d'Amiens, par Daussy, le 17 décembre 1876, 24 pages.
  1877, in-8°. H. Yvert, Amiens.
  (Discours publié dans les « Mémoires de l'Académie
    d'Amiens), année 1876, pages 271 à 291.)

Edouard David : *El bataille d'Querrin,* pièche militaire ein
2 actes pis eine apothéose.
  1891, in-8° couronne. Rousseau-Leroy, Amiens.

Edouard David : *Etude Picarde sur Lafleur,* avec dessins
hors texte de *L. Delambre,* représentant Lafleur, lue à la
séance des Rosati Picards (nov. 1895).
  1896, in-8° couronne. Jeunet, Amiens.

Edouard David : *Lafleur ou le Valet Picard,* comédie-bouffe
en 2 actes.
  1901, in-8° couronne. Imp. Picard, Amiens.

Gédéon Baril : *Lafleur, garçon apothicaire,* bouffonnerie en
1 acte, couverture illustrée par l'auteur. Edition des Rosati
Picards.
  1901, in-12. Duchatel, Amiens.

Edouard David : *Lafleur ein Service,* bouffonderie ein 1 acte.
  1901, in-8° couronne. Redonnet, Amiens.

Edouard David : *El Naissanche ed l'Einfant Jésus,* pièce en
3 actes, à l'usage des Théâtres de Cabotins.
  1905, in-12. Delonnet, Abbeville.
  (Cette pièce, imprimée *sans nom d'auteur,* est de
    M. *Edouard David.)*

Edouard David : *Chés Histoires d'Lafleur,* poésies.
  1906, in-8° couronne. Redonnet, Amiens.

Léon Gaudefroy : *Ech Mariage d'Lafleur,* comédie-bouffe
en 1 acte.
  1907, in-12. Amiens.

Edouard David : *Les Théâtres Populaires à Amiens. Lafleur est-il Picard ?* Illust. de 18 gravures.
1906, in-8 coquille. Yvert et Tellier, Amiens.
(Excellente étude de l'historiographe de Lafleur qui, à la suite de patientes et heureuses recherches, situe définitivement l'origine du héros picard. Cette étude rectifie les indications que M. *Edouard David* avait données à *Ernest Maindron* lorsqu'il écrivit : *Marionnettes et Guignol.*)

Edouard David : *Vieilles Rêderies,* édition illustrée contenant *Chés Histoires d'Lafleur.*
1920, in-8° couronne. Edgar Malfère, Amiens.
Tirage à 1.185 exemplaires dont :
      50 sur simili-japon de 1 à 50.
    135 sur vélin   de 51 à 185.

Edouard David : *Ch' viux Lafleur. Sa résurrection, sa re-mort,* fantaisie locale en 3 tableaux et agrémentée de 3 ballets, illustrée par *Pierre Ringard.*
1926, in-12. Jean Caron, imp., Amiens.
(Tirage à 100 exemplaires sur papier alpha.)

5° THEATRE BELGE

Le *Théâtre des Marionnettes Belges* étant une manifestation purement populaire — le texte joué n'a jamais été écrit et est improvisé, principalement d'après les romans de chevalerie. Aucun littérateur n'a doté son répertoire de quelque production, comme pour le Théâtre Picard, par exemple.

Fort heureusement, un érudit Wallon, M. RODOLPHE DE WARSAGE, nouvel Onofrio (car R. de WARSAGE est le pseudonyme d'un éminent avocat du barreau de Liége), s'est fait l'historiographe des Marionnettes Liégeoises et, pour le plus grand plaisir des lettrés, a sténographié la *Naissance de l'Enfant Jésus,* qu'il donne *in extenso* dans son étude.

Les Marionnettes Liégeoises sont « à tringle », c'est-à-dire actionnées par une tige rigide fixée dans la tête du personnage.

Il n'y a plus qu'un seul théâtre régulier à Liége; on en comptait plus de 30 lorsque le livre précité fut écrit...

L'action de toutes les pièces, quelle que soit l'époque, présente toujours *Chanchet,* le héros liégeois, qui parle en wallon.

CHANCHET et NANESSE (de Liège)

« Chanchet est la traduction wallonne de
« François. Ce Bonhomme est la farce du
« terroir personnifiée . C'est le bouffon, le
« comique, le burlesque et l'esprit populaire.
« C'est le vieux Liégeois, né malin et gouail-
« leur... Il est chaussé de lourds sabots, qui
« font un bruit terrible sur les tréteaux. Il a
« la culotte de jadis, il est vêtu d'un bour-
« geron bleu foncé qui lui bat les mollets, en
« bas blanc.— Réglementairement, Chanchet
« a pour femme Nanesse. — Agnès.

(Rodolphe de WARSAGE.)

Rodolphe de Warsage : *Histoire du Célèbre Théâtre Liégeois de Marionnettes*. Un phénomène folkloriste unique, propre au pays de Liége. Dessins de *Armand Henrion*, photographies.
1905, in-8°. G. Van Oest et Cie, Bruxelles.

Michel de Ghelderode : *Le Mystère de la Passion de Notre Seigneur Jésus-Christ*, avec tous les personnages pour les Théâtres de Marionnettes, reconstitué 'après le spectacle, avec Préface de l'auteur.
1905, in-8° carré. Bruxelles, la Renaissance d'Occident.
Il a été tiré, en plus de l'édition ordinaire, 15 *exemplaires sur papier de luxe, numérotés de 1 à 15.*
(Excellent ouvrage, documentaire folkloriste, du Théâtre de Marionnettes Bruxelloises.)

6° THEATRES ALLEMAND ET ANGLAIS

Pour les répertoires de ces deux théâtres, nous indiquerons seulement les ouvrages que nous avons pu retrouver, pour en parler utilement, ce ne sera donc qu'une Etude Bibliographique très incomplète sur laquelle, d'ailleurs, nous reviendrons, mais qui donnera, tout au moins dès à présent, une idée d'ensemble sur ces manifestations populaires nationales.

En Allemagne, nous trouvons un répertoire très important et qui s'augmente toujours de nouvelles productions. L'Allemagne s'est, de tous temps, intéressée aux Marionnettes et nombreux sont les auteurs qui ont minutieusement recherché et décrit son origine, en s'appuyant sur tous documents utiles.

Et ces sérieuses études sont très intéressantes à consulter pour bien comprendre et connaître nos Petits Comédiens de Bois.

A noter que, comme nous l'avons déjà signalé pour le Guignol Lyonnais, le Lafleur Picard, le Chanchet de Liége, seuls les écrivains locaux peuvent être les historiographes de leurs Marionnettes respectives pour faire bien comprendre des caractères spéciaux qui échappent aux profanes.

MARIONNETTES ALLEMANDES

Dr HAMM : *Das Puppenspiel vom Doctor Faust* zum bisten-
mal in seiner wisprüng lichen Gestalt wortge tren heraus-
geben mit einer historichen Emleintung und kritischen
Noten (planches XXIV-87 pages).
1850, in-8°. Averanius und Mendelsohn, Leipzig.

JOHS RABE : *Kasper Putschenelle,* historiches über die hand-
puppen und altamburgische Kasperzinen, mit Tittelbild
von Ehr Suhr und figuren im Text.
1912, in-8°. E. Boysen, Hamburg.

JOHS RABE : *Kasper Putschenelle,* historiches über die hand-
puppen und hamburgische Kasperspiele mit handkolorier·
tum Titelbild un 18 Bildern im Text (340 pages).
1924, in-8°. Quickborn, Hamburg.
(*2ᵉ édition* du précédent ouvrage de M. *Johs. Rabe,* revue,
corrigée, augmentée et mise à jour, avec reliure cartonnée de
l'éditeur, dos toile, plat papier marbré moderne en teintes
fondues. Ouvrage très bien présenté contenant, outre une
étude générale sur les Marionnettes avec citations de Magnin,
Maindron, de Neuville, un répertoire de pièces pour Kasper
et le répertoire hambourgeois de *Paul Wriede* (8 pièces) et de
Rudolf Stumpf (4 pièces) et une *notice bibliographique.*

REHM (HERM. SIEGF) : *Das Buch der Marionetten.* — Ein
Beitrag zür Geschichte des Theatres aller Völker mit
130 Vollbildern, Tertillnstrationen und Vignetten nach
Zeichnungen des Verfassers (307 pages).
s. d. (1905), in-4°. Ernst Frendsdorff, Berlin.
(Ce volume reproduit en partie l'ouvrage de Maindron :
Marionnettes et Guignol, avec copie des mêmes gra-
vures.)

PUPPENKOMODIEN DEUTSCHE. 12 volumes, bien édités, de
KARL ENGEL, sauf le X qui est d'ALEXANDER TILLE.
I. *Das Volkschauspiel Doctor Johann Faust,* avec por-
trait du Docteur Faust, d'après *Rembrandt.*
II. *Der verlorene Sohne.* — *Der Raubritter, oder Adel-
heid von Staudenbühel.*

III. *Don Juan, oder der steinerne Gast.* — *Cyrus, könig
von Persien.*
IV. *Genoveva.* — *Hans Wurst als Teufelbanner.* —
Almanda, die wohltätige Fee.
V. *Christoph Wagner, ehemals Famulus des Doctor
Johann Faust.* — *Antrascheck und Jurascheck, oder
Die Räuber in Siebenbürgen.*
VI. *Hamann und Esther.* — *Das reich der Toten.*
VII. *Gluckssäckel und Wünchhut.* — *Rosa von Tannen-
burg.*
VIII. *Doctor Faust.* — *Die bezauberte Insel.*
IX. *Die beiden alten deutschen Volksschauspiele von
Doctor Johann Faust und Christoph Wagner,* —
Faust's Famulus. — Vervolkständigter Text mit viel-
fachen Ergänzungen bisher ungedrückter Szenen,
Varianten.
X. *Doktor Johann Faust.* — Volksschauspiele vom Plag-
witzer Sommertheater. — Nach der Bühnenhands-
chrift der J. Dreszlerschen Truppe herausgegeben und
mit der übrigen Volksschauspielen von Faust vergli-
chen.
XI. *Der Prinz als Narr, oder Der geheimnisvolle Zau-
berspiegel.* — *Die verwandelten Herzen, oder Wurst
wieder Wurst.* — *Eine schöne lustige triumphierende
Comœdia von eines Königs Sohn aus Engellandt und
des Königs Tochter aus Schottlandt.* — Comœdia von
Macht des Kleinen Knapen Cupidinis.
XII. Beitrag zur Geschichte des Puppenspiels als Ein-
leitung. Comedia : *Von dem verlorenen Sohn,* in
welcher die Verzweiflung und Hoffnung gar artig
introduziert werden Don Juans zweites Leben oder
Kasperle's Gefahren.— *Die Wasser-und Feuerprobe.*
oder *Kasperle als Wunder-Doktor.*
s. d. in-8°, R. Schwartz Oldenburg i O.

Paul Hundt, *Deutsche Märchenspiele.* — Nouveau répertoire de 6 brochures, sur les vieux Contes allemands.
1. *Dornröschen.*
2. *Schneewittchen.*
3. *Rumpelstilzchen.*
4. *König Drosselbart.*
5. *Schneewiszchen und Rosenrot.*
6. *Gockel, Hinzel und Gackeleia.*
1922, in-8°, R. Schwartz Oldenburg i. O.
Couvertures de couleur, imprimées, brochures bien pré-
sentées de ces pièces en plusieurs tableaux.

Im Kasperltheater. Dix brochures populaires avec couverture illustrée, et les 4 dernières avec vignettes dans le
texte.

1. Hans Seebach *Eine Nacht im arabischen Schloss* 1919.
2. Karl Tobner *Kaspar als Zuckerbächer und Glückspilz.*
3. Georg. Stubner *Kasperl Larifaris Brautwerbung.*
4. Karl Tobner, *Der dumme Johann,* 1920.
5. Hans Seebach *Kasperl und die wissenden Tiere.*
6. Karl Tobner, *Kaspers Wanderfahrt.*
7. Wilibald Bölm, *Doktor Faustus,* 1922.
8. Else Thum, *Kasperls Wiederkehr.*
9. August Franz, Rokos, *Der Schmied von Jüterbock und
   sein geselle Kasper.*
10. Karl Seidler, *Hänsels und Gretels Weihnachtwunsch.*
    A. Haase, édit., Leipzig.

Henrich von Kleist, *Uber das Marionnetten-Theater,*
brochure de 16 pages.
    Erich Lichtenstein, Weimar.

Alte Kasperlstücke, gesammelt von *Artur Lokesch* avec
figures en noir et en couleurs, par *Walter Trier,* de 136
pages, couverture illustrée, en couleurs.
    s. d. in-18, Eigenbrödler, Berlin.
(Ce plaisant petit recueil, bien présenté avec illustrations
humoristiques bien « Marionnettes », rappelle, quant à
l'Edition, le Punch and Judy de Cruishank. Il contient
2 pièces en 3 actes : *Le Prince d'Oranien* et le Dr Faust.

Collection de 9 *Brochures* :
    1. *Kasperl sucht einen Dienst.*
    2. *Kasperl will Famulus werden.*
    3. *Kasperl und der Vogt.*
    4. *Kasperl als Soldat.*
    5. *Der enthaltsame Kasperl.*
    6. *Kasperl in der Fremde.*
    7. *Kasperl vor Gericht.*
    8. *Wie Kasperl auszog, das Gruseln zu erlernen.*
    9. *Kasperl in Egypten.*
    J. F. Schreiber, Müchen.

Dr Paul, *Kasperstücke*, 12 brochures :
1. *Der Schweindieb, oder Kasper als Polizist.*
2. *Die beiden Geldsäcke, oder Kasper unter den Räubern.*
3. *Rosalinde, das Wundertier das Mohrenfürsten.*
4. *Todgalgen, Herenvieh und Teufelspanorama, oder Kaspers Kämpfe mit dem Höllenfürsten.*
5. *Der faule König, oder Kasper, der Page, wird Minister.*
6. *Zweifelhaste Geschicklichkeit, oder Kasper als Handwerker.*
7. *Die gute Fee Angelika oder Kasper heilt Kranke Königstochter.*
8. *Die Soldantenkuh oder Kasper im russischen Heere.*
9. *Der Geisterrat oder Kasper schafst Ordnung.*
10. *Wenn jemand eine Reise tut ! oder Kasper unterwegs.*
11. *Der Zauberweig oder Kasper beim Henrenmeister.*
12. *Die drei geheimniswollen Ringe oder Kasper holt einen Christbaum.*
   Arwed Strauch, Leipzig.

Erich Scheurmann, *Neue Kasperstücke*, recueil de 3 brochures contenant :
Die Kartoffeln haben aufgeschagen. — Kaspers Auferstehung. — Die Zeikrankheit. — Das Teufelbestimmen. — Der Edelanarchist. — Kasper als Steuerkommissar. — Der genarrte Teufel.
   Arwed Strauch, Leipzig.

Dr Paul, *Kürze Kasperstücke. — 6 Brochures.*
1. *Das Teufels Irrtum zur Mitternach, oder Kasper bekommt eine Frau. — Gelernt ist gelernt oder Kasper im Harem des Sultans.*
2. *Merkwürdige Kuren. — Borgen macht Sorgen, oder Kasper und der Jude. — Barlike, Barlake, oder Kasper mit der Wunderbüchse.*
3. *Das Drehdichfort. — Die Wohnungsnot. — Das Plagehemd.*
4. *Das weisze Mädchen in schwarzen Händen oder Kasper auf dem Affenhandel. — Alberner Klatsch, oder Kasper macht Tode lebendig. — Selbstwerdiente Kartoffeln, oder Kasper bei den Bauern.*
5. *Das Krokodil an der Angel, oder Kasper und der unglückliche Fischer. — Für mein gutes Geld, oder Kasper im Wirtshaus. — Der Halsabschnei-*

*der, oder Kasper gleicht aus. — Die Polizei auf
falscher Fährte oder Kasper wordsverdächtig.*

6. *Adelgunde und Rosmarie, oder Kasper als Braut-
werber. — Das blutige Messer am Waldrand,
oder Kasper klärt alles auf. — Die Wunschklap-
pe des fröhlichen Geistes, oder Kaspers Christa-
bend.*

7. P. QUENFEL. — *Die Schulfeier. — Kinderfest.*

Trois pièces pour le théâtre de Kasperl.
Arwed Strauch, Leipzig.

HUGO SCHMIDTVERBEEK, *Radirulla! — Kaspar ist wieder
da! — 3 Brochures:*
1. *Doktor Eisenbart, oder Kaspar als Arzt.*
2. *Gewatter Tod, oder Der Wunderarzt.*
3. *Doktor Faust.*
Arwed Strauch, Leipzig.

SEID IHR ALLE DA? — *Kasperle feldgrau,* recueil de 9 pièces
comiques.
Arwed Strauch, Leipzig.

Das Kaspertheater des Leipziger Dürerbundes
1. *Kasper und sein Fernrohr.*
2. *Ehrlich währt am längsten.*
Arwed Strauch, Leipzig.

Aus Kaspers Rosengarten. 6 Brochures :
ARTHUR THIELE.
1. *Kasperle in der Apothecke.*
2. *Kasperle beim Phrenologen.*
3. *Kasperl als Millionär.*
4. *Der Postillon von Lunzenau.*
5. *Die Venus von Mylau.*
SUSE ROHLOFF :
6. *Kasperles Hamsterglück.*
Arwed Strauch, Leipzig.

Oskar Zimmermann. — *So baue ich mir ein Kasperltheater*
(dans la collection : Selbst ist der Mann, N° 125), avec
14 illustrations dans le texte.
s. d. brochure Arwed Strauch Leipzig.

Das Puppenspiel vom Doktor Faust zum ersten Male mit
Scenenbildern nach photographischen Originallaufnah-
men herausgegeben, von *G. Ehrhardt,* von Zinnwalde.
1905, petit in-8° carré, Paul Alicke, Dresde.
(Contient 10 reproductions photographiques des scènes
principales, avec décors et marionnettes, et une affiche pour
Th. de Marionnettes).
Tirage à 150 exemplaires numérotés.

COLLIER, *Punch and Judy*, with 24 illust. designed and en-
graved by *George Cruishank* and other plates, — accom-
pagned by the dialogue of the puppet-show an account of
its origin and of puppet play in England.
1928, in-12, George Bell and Sons, London.
(Livre très intéressant qui fut réimprimé en plusieurs
éditions. Le texte a été relevé et les illustrations prises pendant la représentation de la pièce qui n'était pas écrite.
C'est une documentation exacte et précise).

PAPYRUS et MARTINE, *Punch et Judy*, célèbre drame guignolesque anglais, pour la première fois adopté en France,
à l'usage des thériaqueurs et montreurs de puppes, —
suivi des Paralipomènes de Punch, par *Emile Strauss.*
Icônes de *Henri Chapont.*
1903, in-8° oblong, Bibl. de la Pensée, Paris.
(Traduction du précédent volume Punch and Judy qui
existe également avec Polichinelle (voir répertoire parisien).

F. J. MC. ISAAC, *Marionnettes and how to make them.* A
boock for boys and girls, — illustrated by *Tony Sarg.*
s. d. (1924), in-12, Stanley Paul and C°, London.
(Couverture cartonnée de l'éditeur, — illustrée en couleurs. — Ce volume, — qui concerne les Márionnettes à
fils, — contient 2 pièces de *Anne Stoddart : Le Petit Cha-
peron rouge et Blancheneige et les Nains,* précédées d'une
notice générale et d'indications.

RÉPERTOIRE POUR THÉATRES ENFANTINS. — Les personnages sont en papier découpé et collés sur carton, — et
accompagnent, comme illustrations, le texte publié. —
Le mouvement est donné par un fil horizontal, — fixé au
droit du pied du personnage et dirigé horizontalement de
la coulisse.
28 livrets, sous couverture imprimée illustrée.
s. d. in-4°, Pollock, London.
Aladdin or the Wonderful Lamp.
Blue Jackets.
Brigand.
Charles the Second.

Children in the Wood.
Cinderella.
Corsican Brothers.
Don Quixote.
Danghter of the Regiment.
Douglas.
Forty Thieves.
King Henry.
Lord Darnly.
Lord Mayor's Fool.
Mistletoe Bough.
Miller and his Men.
Oliver Twist.
Paul Clifford.
Silver Palace.
Timour the Tartar.
Waterman.
Woodman's Hut.
Blind Boy.
Maid and the Magpie.
PANTOMIMES :
Baron Munchausen.
Jack the glant Killer.
Whittington and his Cat.
Sleeping Beauty.
JACK B. YEATS, *Plays for the Miniature Stage.* 3 brochures illustrées par l'auteur.
    1. *The treassure of the Garden* in-4°.
    2. *The Scourge of the Gulf* in-8°.
3. *James Flaunty, or the Terror of the Western Sea,* in-8°.
    Elkin Matthews, London.

ERNEST MARRIOT, *Jack B. Yeats :* his Pictorial and Dramatic Art, — with : *Chart of Pirate Island,* — and Portrait.
    Elkin Matthews, London.

A signaler, comme documentaires, les Nᵒˢ 1 et 2 (5ᵉ volume), du Magazine Anglais : *The Mask,* de juillet et octobre 1912, consacrés aux Marionnettes, avec illustrations.

Bien que l'Italie soit le berceau de la « Comédia dell'
Arte », — tout d'improvisation sur un scénario donné, où
la verve des interprètes se donne libre cours, — quelques
recueils ont été imprimés, — qui nous permettent d'apprécier ce Répertoire spécial.

Les Marionnetes Italiennes sont manœuvrées par des fils.
Les exécutants sont très habiles, — mais les mouvements
des personnages sont plus lents que pour nos impulsives
poupées « à gaînes ».

(Guiseppe Fanciulli). *Il Teatro di Takiù*, recueil de 3 comédies, couverture illustrée en couleurs, illustrations en sépia et dessins hors-texte en 2 couleurs, de *Chin*, avec préface et airs annotés.

s. d. (1923), in-8°, Antonio Vallardi (Milan).
Ce recueil comprend :

Il folletto cinese .... comédie en 3 actes
Le Nozze di Takiù .... comédie en 4 actes
Takiù cortigniano .... comédie en 4 actes

(Yambo). *Il Teatro dei Burattini*, avec illustrations en noir et en couleurs, et couverture illustrée par l'auteur.

s. d. (1925), in-8°, Antonio Vallardi (Milan).
Ce volume contient, outre la préface de l'auteur :

I nipoti di Sgaramello, ovverro : *L'Impostura punita con Corallina e Brighella briconi per.. obbedienza* (3 actes).
Cuor di fanciulla, ossia : *Le astuzie di Lindoro con Arlecchino servo affamato* (en 5 actes).
Tartaglia innamorato, ovvero : *Il matrimonio per inganno con Arlecchino e Colombina servi infedeli* (en 3 actes).

(Excellent ouvrage, avec préface très intéressante, avec nombreux dessins et croquis pour l'aménagement des théâtres de Marionnettes à fils).

(Anna Vertua Gentile)[1]. *Burattini Interessanti*, série de Produzioni pel Teatrino delle Marionnette, avec couverture illustrée en couleurs.

s. d. (1925), in-8°, Antonio Vallardi (Milan).
Ce recueil contient 13 pièces :

Scappa, caporale!
Zuar Pascià.
Al suono della marcia reale.
La Naïade della cascata.
Fata vaporosa.
Nanaggia le guardie!
Zampogna miracolosa.
Scimmia cucù.
Mago Sabino.
Principessa misteriosa.
Prigionero.
Pesca fortunata.
Tiranno.

(Rina Paltinieri). *Il Teatro dei Piccoli*, dodici comedie
per Burattini, avec culs-de-lampe et illustrations en sépia,
pour chaque pièce, couverture illustrée.
s. d. (1925), in-8°, Antonio Vallardi (Milan).
Ce volume contient 12 pièces :

Lacura del Dottor Balanzone	en 2 actes
Il tesoro d'Affrica	en 2 actes
Arlecchino nei panni del pistore	en 1 acte
La torre degli spiriti	en 2 actes
La regina di Fandonfrottole	en 1 acte
L'aventura di Fortunello, Ciccio e Bona-	H
ventura	en 2 actes
Il leopardo	en 1 acte
La principessa adormentata	en 3 actes
Il « malefizio »	en 1 acte
L'avarizia di Pantalone	en 2 actes
Facanapa, poliziotto dilettante	en 2 actes
La juaga dei giocattoli...................	en 1 acte

(Anna Vertua Gentile). *Teatrino per Bambine e Fanciul-
letti*, avec illust. en noir, couverture illustrée en couleurs,
contenant 15 pièces et monologues enfantins.
s. d. (1922), in-8°, Antonio Vallardi (Milan).

(Anna Vertura Gentile). *Teatro per Fanciulli e Fanciulle*,
recueil de 22 pièces enfantines, couverture illust.
s. d. (1925), in-8°, Antonio Vallardi (Milan).
(Tous ces volumes sont parfaitement édités et présentés).

En abordant ce chapitre, nous ne nous écartons pas de notre but qui est de présenter la Bibliographie des Marionnettes, et, d'autre part, le *Théâtre Turc*, avec *Karageuz*, n'est autre qu'un défilé de personnages, découpés et colorés, passant devant un écran éclairé.

Le répertoire édité sera divisé en :

I. OMBRES CHINOISES proprement dites, c'est-à-dire, comprenant le *Répertoire de Séraphin et des Théâtres Enfantins*.

II. OMBRES ARTISTIQUES *des Cabarets Montmartrois*, dont le prototype est le Théâtre du Chat-Noir, avec les inoubliables créations d'Henri Rivière, « qui a ouvert une lucarne sur l'Infini », qui comprendra les *pièces lyriques* qu'accompagne un récit chanté, et les *pièces poétiques*, illustrant un récit en vers, ou *satiriques*, commentés par un boniment humoristtique.

III. *Karageuz et le Théâtre Turc*, dont nous n'avons que des documentaires.

Feu Séraphin. — Histoire de ce Théâtre depuis son origine jusqu'à sa disparition (1776-1870), avec illust. et portrait de Séraphin.
1875, in-8°, Scheuring, Lyon.
Ce recueil contient, *quant aux Ombres*, les pièces suivantes :
Le Pont cassé, de Guillemain.
Arlequin corsaire, de Dorvigny.
La Manie corrigée ou *Arlequin Pluton, de Caron.*
L'Ile des Perroquets, de Capperonnier.
(Ce même volume contient un répertoire pour Marionnettes. Voir le chapitre : « *Marionnettes à fils* ».

GUIGNOLET, *Le Théâtre des Ombres chinoises*, avec illust., couverture illustrée imprimée.
s. d., in-18, Le Bailly, Paris.
Ce volume, édition populaire, comprend, outre un historique du théâtre d'Ombres et conseils, le répertoire ci-après :
Le Pont cassé.
La Tentation de Saint-Antoine.
Le Rêve de Polichinelle.
Le Garçon de Ferme.
Le Poisson d'Avril.
Les Sorcelleries du Magicien Alcofribas.
Une Leçon de Zoologie.
Un Mardi-Gras à Venise.
Le Malade imaginaire.

LEMERCIER DE NEUVILLE. *Les Pupazzi Noirs.* Notice historique sur les Ombres, construction du Théâtre et des Ombres, machination des personnages, intermèdes et pièces. 53 modèles d'ombres. 56 planches détaillant le mécanisme.
1896, in-8°, Ch. Mendel, Paris.

PAUL ENDEL, *Les Ombres chinoises de mon Père*, avec illustrations, hors-texte et dans le texte, d'après les dessins de *Félix Régamey, couverture illustrée.*
s. d. (1885), in-4°, Rouveyre, Paris.
Ce recueil contient, outre la *Préface* de Paul Endel et la *Musique*, les pièces suivantes :
Cendrillon.
L'Ane embourbé.

Le Savetier.
L'Avare.
Robinson Crusoé.
Le Pont cassé.
Perrette et le Pot au Lait.
Une Noce au Village.
La Caverne des Voleurs.
Le Malade imaginaire.
Le Petit Ramoneur.
Les Animaux.
Les Battus paient l'Amende.
La Branche cassée.
Une Place publique.
Rose de Tanebourg.

LEMERCIER DE NEUVILLE, *Ombres chinoises,* dessins de Jean
Kerhor.
s. d., in-18, Bornemann, Paris.
Ce volume contient, avec la notice historique et des indi-
cations pour la construction, le répertoire suivant :
La Fête de Catherine.
L'Infortuné Voyageur.
La Soirée Courtepince.
Les Trois Souhaits.
La Cassette du Docteur.
Le Crime de Saint-Just.
Les Papillons de Fanchette.
L'Ile déserte.
Le Bon Roi Dagobert.

LA PRISE DE PÉKIN, pièce comique d'Ombres, livret, musique décors et personnages à découper. Texte de *J. Jac-
quin,* ombres de *R. de la Mézière,* musique de *G. Mey-
nard,* couverture cartonnée.
s. d. album oblong, Hachette et Cie, Paris.

Le Séraphin de l'Enfance, recueil de pièces d'Ombres chinoises, texte servant de commentaires aux 18 feuilles
d'ombres publiées par l'Editeur.
s. d., in-18, Imagerie Delhalt, Nancy.

Le Séraphin des Enfants, recueil de pièces d'Ombres chinoises pour les 10 feuilles d'ombres, publiées.
1914, in-18, Imagerie Pellerin, Epinal.

Nota. — Nous reviendrons, dans le compliment de cette
Bibliographie, sur le Théâtre d'Ombres, pour présenter le
Répertoire allemand, très important et très complet.

PIÈCES LYRIQUES

LA TENTATION DE SAINT-ANTOINE, féerie à grand spectacle,
en 2 actes et 10 tableaux, par *Henri Rivière*, musique de
Albert Trinchant et *Georges Fragerolle*, représentée au
Chat-Noir, le 28 décembre 1887 (décors et musique).
s. d., album oblong, Plon et Nourrit, Paris.

LE RÊVE DE JOËL, pièce en 11 tableaux, de *Georges Frage-*
rolle, ombres de *Louis Bombled*, représentée pour la première fois au Lion d'Or et reprise au Chat Noir.
(Ombres avec partition, piano et chant).
s. d., album oblong, Enoch Castellat, Paris.

LA MARCHE A L'ETOILE, mystère en 10 tableaux, poème et
musique de *G. Fragerolle*, ombres de *Henri Rivière*, représentée au Chat-Noir, le 6 janvier 1890 (ombres et partition : piano et chant).
s. d., album oblong, Enoch et Flammarion, Paris.
(Il y a deux éditions, semblables quant au texte, mais,
dans la seconde, le dernier décor, celui du Golgotha est
modifié).

L'ENFANT PRODIGUE, scènes bilbliques en 7 tableaux, poème
et musique de *G. Fragerolle*, ombres de *Henri Rivière*,
représentées au Chat-Noir, le 3 déecmbre 1894 (Ombres,
piano et chant).
s. d., album oblong, Enoch et Flammarion, Paris.

LE SPHINX, épopée lyrique en 16 tableaux, poème et musique de *G. Fragerolle*, ombres de *Vignola*, représentée au
Chat-Noir, le 21 janvier 1896 (ombres, piano et chant).
s. d., album oblong, Enoch et Flammarion, Paris.

CLAIRS DE LUNE, féerie en 6 tableaux, poème et musique de
G. Fragerolle, ombres de Henri Rivière, représentée au
Chat-Noir, le 14 décembre 1896 (ombres, piano et chant).
s. d., album oblong, Enoch et Flammarion, Paris.

CHEMIN DE CROIX, 12 poèmes religieux d'Armand Silvestre,
musique d'Alexandre George, ornés de lithographies de
Moreau-Nélaton, représentés sur théâtre de La Bodinière
(piano et chant).

s. d., album oblong, Enoch et Flammarion, Paris.
(Il a été tiré, en outre, 20 *exemplaires de grand luxe* des lithographies de *Moreau-Nélatoin,* sur papier de Chine, remonté, numérotés de 1 à 20).

Le Juif Errant, légende en 8 tableaux, poème et musique de *Georges Fragerolle,* dessins de *Henri Rivière,* représentée pour la première fois au Théâtre Antoine le 7 avril 1898 (ombres, piano et chant).
s. d., album oblong, Enoch-Flammarion, Paris.

La Marche au Soleil, *Epopée de la Mission Marchand,* en 20 tableaux, poème de *Léon Durocher, musique de G. Fragerolle,* dessins de *Leroy,* décors de *Lamouche,* représentée, pour la première fois à la Bodinière, le 17 décembre 1899 (ombres, piano et chant).
s. d., album oblong, Enoch et Flammarion, Paris.

Paris, *sa Gloire, ses Rayons.* Pièce en 12 tableaux, poème de *Desveaux-Vérité,* musique de *G. Fragerolle,* ombres de *Henri Callot,* décors de *Lamouche,* représentée au Théâtre de la Bodinière, le 10 juillet 1900 (ombres, piano et chant).
s. d., album oblong, Hachette et Cie, Paris.

Jeanne D'Arc, épopée en 15 tableaux, poème de *G. Frage-rolle et Desveaux-Vérité,* musique de *G. Fragerolle,* ombres de *Henri Callot* (ombres, piano et chant).
s. d., album oblong, Enoch et Flammarion, Paris.

La Belle au Bois Dormant, féerie en 19 tableaux, poème et ombres de *Lucien Métivet,* musique de *Jane Vieu,* représentée au Théâtre des Mathurins, en février 1902 (ombres, piano et chant).
s. d., album oblong, Enoch et Flammarion, Paris.

Les Boërs, *La Moderne Epopée,* en 18 tableaux, poème de *Gabriel Montoya,* musique de *Jules Mulder,* ombres de *Bombled* (ombres, piano et chant).
s. d. (1902), album oblong, Geisler et Flammarion, Paris.

LOURDES, légende mystique en 12 tableaux, poème de *George Fragerolle* et *Desvaux-Vérité*, musique de *G. Fragerolle*, dessins de *Uzès*, décors de *Lamouche* (ombres, piano et chant).
    s. d., album oblong, Enoch et Flammarion, Paris.

ALADIN, ombres chinoises en 15 tableaux, poème et ombres de *Méthivet*, musique de *Jane Vieu*, représentées au Théâtre des Mathurins, en février 1904 (ombres, piano et chant).
    s. d., album oblong, Enoch et Flammarion, Paris.

LA BARBE-BLEUE, conte chanté, paroles de *Jacques Le Lorrain*, musique de *Gaston Dubreuilh*, illustrations de *Maurice de Lambert*, créée au Cabaret des Quat'z'Arts (ombres, poème et chant).
    s. d., grand album oblong, Mathot, Paris.

(Tous ces albums sont avec couverture illustrée en couleurs, et cartonnée, avec, en général, une couverture de garde en couleurs. Pour le Cycle chatnoiresque, avec titres, fleurons, culs-de-lampe dessinés par *Georges Auriol*).

L'AIGLE, épopée en 12 tableaux, dessin de *Eugène Courboin*, poème et musique de *George Fragerolle*, représentée au Cabaret de la Lune-Rousse (partition seule, piano et chant), avec couverture illustrée, non cartonnée.
    s. d., album oblong, Mazo, Paris.

LES POILUS A TRAVERS LES AGES, ombres et poème de *Henriot*, dessin et texte, cartonné.
    s. d., album oblong, Berger-Levrault, Paris.

PIECES SATIRIQUES

MAURICE DONNAY, *Phryné*, scènes grecques en 7 tableaux, représentée au Chat-Noir, le 9 février 1891.
s. d., in-12, Ollendorff, Paris.

MAURICE DONNAY, *Ailleurs*, revue symbolique en 20 tableaux, représentée au Chat-Noir, le 11 novembre 1891.
s. d., in-12, Ollendorff, Paris.

EDMOND HARAUCOURT, *Héro et Léandre*, poème dramatique en 3 actes et 29 tableaux, représenté au Chat-Noir, le 24 novembre 1893.
1902, in-12, Fasquelle, Paris.

Le Secret du Manifestant, drame express en 5 actes, de *Jacques Ferny*, ombres de *Fernand Fau*, représenté au Chat-Noir, le 27 novembre 1893, couverture en couleur illustrée.
1894, in-4°, Fromont, Paris.

Pierrot Pornographe, en 7 tableaux, boniment de *Dominique Bonnaud* (d'après celui de Rodolphe Salis), ombres de *Edmond Lempereur* (d'après Louis Morin), version jouée au Cabaret des Quat'z'Arts.
1902, in-4°, Chatenay, Paris.

LE SACRE DE CLÉMENCEAU Ier, ombres humoristiques de *Edmond Lempereur*, boniment de *Dominique Bonnaud* et *Numa Blès*, représentées au Logiz de la Lune-Rousse.
1907, in-4°, Vie Moderne, Paris.

ULYSSE A MONTMARTRE, légende néo-grecque en 1 prologue et 3 tableaux de *Dominique Bonnaud, Numa Blès et Lucien Boyer*, — dessins de *Giffey*, décors de *Gyaniny*, représentée à la Lune Rousse le 9 septembre 1910.
1910. Société d'Editions de la Lune Rousse, Paris.

Venise ou Lagune de Miel, pièce d'ombres en 6 tableaux de
Dominique Bonnaud et Numa Blès, — ombres de Abel
Truchet, — représentée au Logiz de la Lune Rousse.
1913. Société d'Editions de la Lune Rousse, Paris.

Le Poilu, pièce d'ombres, — texte de Parisot, — ombres
de Percy, — composée, représentée et éditée sur le front,
en 1915.

Maurice Donnay : Autour du Chat-Noir, qui comprend,
outre un avant-propos et quelques poésies, Phryné et
Ailleurs, les 2 pièces d'ombres précédemment indiquées.
1926, in-16. Grasset, Paris.

KARAGEUZ

« Karageuz dont le nez en bec de
« perroquet se recourbe sur une
« barbe noire, courte, frisée, pro-
« jetée en avant par un menton en
« galoche... »

THÉOPHILE GAUTIER.

قره كوز

10° KARAGEUZ ET LE THEATRE TURC

Adolphe Thalasso : *Molière en Turquie,* étude sur le Théâtre de Karageuz (extrait du Moliériste, décembre. 1887-janvier 1888).
    1888, broch. in-8°. Tresse et Stock, Paris.
      Tirage à 100 exemplaires.

Adolphe Talasso *: Le Théâtre Turc : Karageuz,* conférence faite en 1888, au Chat-Noir, lors d'une représentation de Karageuz.
    s. d., broch. in-8°. Edit. Avenir dramat. et litt., Paris.
      Tirage à 120 exemplaires numérotés
      10 exemplaires sur Japon Impérial.
      10 exemplaires sur Hollande van Gelder.
      100 exemplaires sur papier blanc de luxe.

Adolphe Thalasso : *Le Théâtre Turc : Karageuz.* Etude générale, d'après les précédentes brochures, avec illustrations et reproductions en couleurs des aquarelles de *Lucien Zacchéo.*
    1904, in-4°. Revue Théâtrale, Paris.

DOCUMENTAIRES SUR L'HISTOIRE GENERALE DES MARIONNETTES

CHARLES MAGNIN : *Histoire des Marionnettes en Europe, depuis l'Antiquité jusqu'à nos jours.*
>1862, in-12. Michel Lévy frères, Paris.
>(Historique très documenté, mais fait dans le silence des bibliothèques et n'est pas une étude vécue de la Marionnette; travail d'ailleurs incomplet, puisqu'il n'est fait mention ni du Guignol Lyonnais, ni du Lafleur Picard, ni des Marionnettes Liégeoises, et tout justement parce que, à l'époque, aucun livre n'avait été écrit sur ces théâtres régionaux.)

LEMERCIER DE NEUVILLE : *Histoire anecdotique des Marionnettes Modernes,* avec préface de *Jules Claretie,* 6 dessins de l'auteur et 1 plan, avec gravure hors texte.
>1892, in-18. Calmann-Lévy, Paris.
>(Etude très superficielle, faite, cette fois, par un professionnel de la Marionnette, mais le plus souvent sur documents.)

LEMERCIER DE NEUVILLE : *Souvenirs d'un Montreur de Marionnettes,* avec dessins et illustrations, couverture imprimée illustrée.
>s. d. (1911), in-8°. Bauche, Paris.
>(Auto-biographie très complète et très détaillée.)

ERNEST MAINDRON : *Marionnettes et Guignol.* Les Poupées agissantes et parlantes à travers les âges, ouvrage illustré de 8 planches en couleurs et de 148 planches ou figures en noir, d'après les documents originaux.
>s. d. (1900), in-4°. Félix Juven, Paris.
>(Ouvrage très bien édité, agréable à consulter, donnant une étude nécessairement superficielle, étant donné l'ampleur du sujet, sur chacun des répertoires présentés, mais qui n'est que la condensation de tous les renseignements qui ont été envoyés à l'auteur. Travail de bibliothèque et non d'observation personnelle. Plusieurs erreurs de documentation.)

PETITE (J. M.) : *Guignols et Marionnettes, leur histoire,*
224 pages, figures.
    s. d., in-4°. Sté d'Edit. et de Public., Paris.
    (C'est l'ouvrage de Maindron, avec les mêmes illustra-
    tions, mais en noir. Dans le titre, Guignols au pluriel
    est un non sens, puisqu'il n'y en a qu'un, le Guignol
    Lyonnais.)

EMILE LAGARDE : *Ombres Chinoises, Guignols et Marionnettes,* 123 pages, figures.
    1900, in-8°. L. Chaux, Paris.

EMILE LAGARDE : *Ombres Chinoises, Guignols et Marionnettes,* 77 pages, fig.
    1903, in-8°. P. Paclot, Paris.
    (Ces deux ouvrages sont un résumé du livre de Main-
    dron.)

H. DE GRAFFIGNY : *Le Théâtre à la Maison,* construction,
agencement, etc., avec 40 fig. explicatices (ouvrage populaire de la collection Guyot).
    s. d., in-18. A. L. Guyot, Paris.

H. DE GRAFFING : *Construction du Théâtre Guignol,* couverture illustrée en couleurs, croquis dans le texte.
    s. d., in-16. A. Lesot, Paris.
    (De la même collection que le répertoire de Guignol pu-
    blié sous le même nom d'auteur.)

G. CONY : *Manuel du Marionnettiste Amateur,* brochure de
24 pages, avec croquis schématiques.
    s. d., in-12. Courmes, Nice.

CHARLES NODIER : *Contes de Veillée,* signalés pour l'article
sur *Polichinelle* qui donne très exactement le caractère de
notre vieille marionnette nationale.
    1856, in-12. Charpentier, Paris.
    (Cette étude sur Polichinelle a paru en édition origi-
    nale dans le livre des « Cent-un ». Toutes les éditions

des *Contes de la Veillée* ne contiennent pas le chapitre sur Polichinelle.)

GEORGE SAND : *L'Homme de Neige,* roman contenant l'étude
très intéressante du Montreur de Marionnettes.
Ouvrage édité en 3 volumes chez Calmann-Lévy et dans
la Collection des Chefs-d'œuvre de France.

CHARLES NODIER : *Nouvelles,* suivies des *Fantaisies du Dériseur sensé.*
1853, in-16. Charpentier, Paris.
(Pages 385 à 430, étude sur les Marionnettes.)

YRJO HIRN : *Les Jeux d'Enfants,* traduit du Suédois avec
l'autorisation de l'auteur, par *T. Hammar,* avant-propos
de *Lucien Maury.*
1926, in-12. Stock, Paris.
(Le chapitre VII sur les *Théâtres de Marionnettes,* le
chap. VIII sur celui de *Guignol,* le chap. IX sur les
Ombres chinoises.)

CONCLUSION

Cette étude bibliographique, quoique comportant plus de 400 volumes ou brochures sur les Marionnettes, ni incomplète soit-elle, sera utile à tous les amis des Poupées de Bois. Elle évitera eux curieux et aux fervents du Guignol de laborieuses et patientes recherches dans les bibliothèques publiques, pour retrouver tel ou tel ouvrage, bien que nos bibliothèques soient bien mal documentées sur le sujet, et très incomplètes, même la Nationale, ou encore celle de Lyon, patrie de Guignol, qui se devrait, au moins, d'avoir tout le répertoire local imprimé.

Arrivé au terme de la tâche que nous avons entreprise, nous ne considérons pas notre travail comme achevé. Nos recherches personnelles et la documentation qui pourra nous parvenir, les nouvelles œuvres publiées, nous permettront de compléter la présente étude, et c'est à quoi nous nous employons dès maintenant.

Donc, ami lecteur, ami des Poupées de Bois, pas : « Adieu ! » — mais : « Au revoir ! »

Paul JEANNE.

TABLES DES MATIÈRES

DU MÊME AUTEUR

RÉPERTOIRE LYONNAIS

1° DES MARIONNETTES...

Préface de M. Justin GODART, président des Amis de Guignol.

L'Immortel Canut, gandoise pouétique en une longueur, tramée soie et coton, en vers et... contre tous.

L'Armistice Conjugal, postiche molièresque en 1 acte.

Quelques Prologues.

2° ENCORE DES MARIONNETTES...

Les Bouffons, parodie en 3 actes.

3° ET TOUJOURS DES MARIONNETTES...

Lakmé, parodie en 2 actes.

Etude folkloriste sur le " Poesjenellenkelder " d'Anvers.

DE M. EDOUARD DAVID :

Sandrine et les Compagnons de Lafleur.

Achevé d'imprimer par
G. CAVALLIER, imprimeur,
28, rue du Départ, Paris-14ᵉ
Décembre 1926.